DUDEN
Schülerhilfen
Grundrechenarten 2

D1641282

DUDEN
Schülerhilfen

DEUTSCH

Aufsatz 1
(2. und 3. Schuljahr)

Aufsatz 2
(3. und 4. Schuljahr)

Schreibspiele
(ab 3. Schuljahr)

Lesespiele
(ab 3. Schuljahr)

Rechtschreibung 1
(2. und 3. Schuljahr)

Rechtschreibung 2
(3. und 4. Schuljahr)

Rechtschreibung 3
(4. und 5. Schuljahr)

Grundwortschatz
(3. und 4. Schuljahr)

**Schön schreiben
und gestalten**
(für die Grundschule)

Grammatik
(4. und 5. Schuljahr)

MATHEMATIK

Grundrechenarten 1
(ab 2. Schuljahr)

Grundrechenarten 2
(ab 3. Schuljahr)

Größen und Maße
(ab 5. Schuljahr)

Rechenspiele
(ab 5. Schuljahr)

**Gleichungen und
Ungleichungen 1**
(5. und 6. Schuljahr)

**Rechenbäume –
Terme – Texte**
(5. und 6. Schuljahr)

**Flächen und ihre
Berechnung I**
(5. bis 8. Schuljahr)

**Körper und ihre
Berechnung I**
(5. bis 8. Schuljahr)

Dezimalbrüche
(6. Schuljahr)

Teiler und Vielfache
(6. Schuljahr)

Brüche
(6. und 7. Schuljahr)

Dreisatz und Prozente
(6. bis 8. Schuljahr)

**Aufbau des Zahlensystems,
vollständige Induktion**
(ab 7. Schuljahr)

**Gleichungen und
Ungleichungen 2**
(7. und 8. Schuljahr)

**Bruchgleichungen
und Bruchungleichungen**
(8. Schuljahr)

Textgleichungen 1
(8. Schuljahr)

**Gleichungen mit
zwei Unbekannten**
(8. und 9. Schuljahr)

Textgleichungen 2
(9. Schuljahr)

**Quadratische Gleichungen
und Ungleichungen**
(9. Schuljahr)

**Flächen und ihre
Berechnung II**
(9. und 10. Schuljahr)

**Körper und ihre
Berechnung II**
(9. und 10. Schuljahr)

Trigonometrie
(10. Schuljahr)

Weitere Bände sind in Vorbereitung

DUDEN
Schülerhilfen

Grundrechenarten 2

Texte und Aufgaben
zum selbständigen Üben
für Schüler ab dem 3. Schuljahr
von Klaus Volkert

Gestaltung und Illustrationen
von Doris Rübel

DUDENVERLAG
Mannheim · Leipzig · Wien · Zürich

Die Deutsche Bibliothek – CIP-Einheitsaufnahme
Duden-Schülerhilfen. –
Mannheim; Leipzig; Wien; Zürich: Dudenverl.
Früher im Verl. Bibliograph. Inst., Mannheim, Wien, Zürich
Mathematik. Grundrechenarten. 2. Texte und Aufgaben zum
selbständigen Üben für Schüler ab dem 3. Schuljahr /
von Klaus Volkert. – 1993
ISBN 3-411-04561-2

Das Wort DUDEN ist für
Bücher aller Art für den Verlag
Bibliographisches Institut & F. A. Brockhaus AG
als Warenzeichen geschützt

Druck und Bindung: Offizin Andersen Nexö Leipzig GmbH
Gedruckt auf Eural Super Recyclingpapier matt gestrichen
Printed in Germany
ISBN 3-411-04561-2

Inhaltsverzeichnis

Inhaltsverzeichnis

Rechnen mit großen Zahlen

In den „Grundrechenarten 1" hast du das Kopfrechnen gelernt. Dabei kamen nur kleine Zahlen bis zum großen Einmaleins vor. Oft aber muß man mit größeren Zahlen umgehen: Wieviel ist 128 mal 72? Was ergibt 45 plus 89 plus 1212? Da müßtest du schon ein Rechenkünstler sein, um das im Kopf ausrechnen zu können. Hier hilft das schriftliche Rechnen. Und das kannst du in diesem Buch lernen.
Wir behandeln hier alle vier Grundrechenarten: Addieren, Subtrahieren, Multiplizieren und Dividieren, oder, wie man oft auch sagt: Zusammenzählen, Abziehen, Malnehmen und Teilen. Die Einführung zu den einzelnen Kapiteln erklären dir ausführlich, wie du vorgehen mußt. Lies sie sorgfältig, denn sie sind Grundlage für alles folgende. Vielleicht stößt du hier und da auf etwas Unbekanntes. Es gibt nämlich viele Möglichkeiten, ein und dieselbe Rechnung auszuführen. So sagen manche Leute anstatt „13 weniger 8 gibt 5" lieber „von 8 bis 13 fehlen 5" oder auch „8 und 5 macht 13". In diesem Buch werden verschiedene Ausdrucksweisen erwähnt. Alles ist so erklärt, daß du es verstehen kannst, selbst wenn ihr in der Schule anders vorgegangen seid.

Die Musteraufgaben zeigen dir dann noch einmal, wie gerechnet wird. Du erkennst sie an der Meßlatte am Rand. Die zugehörigen Lösungen findest du unmittelbar nach den Aufgaben. Auch sie sind durch die Meßlatte kenntlich gemacht.

Am Anfang wirst du gleich die Lösung lesen wollen. Wenn du dann etwas sicherer geworden bist, solltest du versuchen, die Musteraufgaben selbständig zu lösen. Vergleiche dein Ergebnis aber dennoch immer mit den Lösungen im Buch. Vielleicht findest du so noch Fehler.
Außerdem enthalten die Lösungen der Musteraufgaben oft zusätzliche hilfreiche Tips.

Wie du üben kannst

Achte auch auf den Hamster und den Dachs. Sie geben dir in den Sprechblasen manchmal wichtige Hinweise. Deshalb solltest du die Sprechblasen immer aufmerksam lesen.

Hast du alles gründlich durchgearbeitet, so werden dir die Aufgaben zum selbständigen Lösen nicht mehr schwerfallen. Ihre Lösungen findest du am Ende des Buches ab Seite 88. So kannst du prüfen, ob du alles richtig gemacht hast. Schließlich geben dir die vermischten Aufgaben Gelegenheit, den Stoff des ganzen Buches noch einmal zu wiederholen. Gerade beim Rechnen gilt: Übung macht den Meister. Trotzdem solltest du nicht zu lange auf einmal mit diesem Buch arbeiten. Eine halbe Stunde täglich ist genug. Außer dem Buch brauchst du nur noch ein Rechenheft und einen Bleistift.
Und nun: Viel Erfolg!

Schriftliches Addieren bis 1000

Willst du zwei Zahlen schriftlich zusammenzählen, so mußt du diese zuerst richtig untereinander schreiben. Das bedeutet, daß die Einer unter die Einer, die Zehner unter die Zehner, die Hunderter unter die Hunderter zu stehen kommen müssen. Also so:

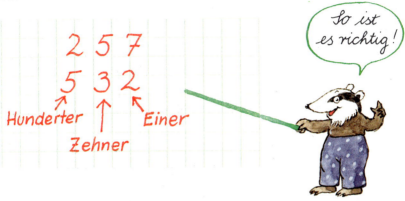

Wenn du unsicher bist, hilft folgender Trick: Die erste Zahl schreibst du wie gewohnt hin; die zweite, die darunter kommt, beginnst du bei den Einern, dann gehst du zu den Zehnern und schließlich zu den Hundertern. Also so:

257	257	257
2	32	532

Dieser Trick ist vor allem dann nützlich, wenn die beiden Zahlen unterschiedlich lang sind. Dann passiert schnell ein Fehler:

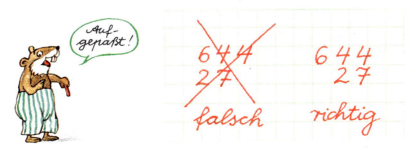

Das schriftliche Addieren geht so: Zuerst werden die beiden Einer zusammengezählt und das Ergebnis hingeschrieben, und zwar genau unter die Einer:

Einer
↓

$$257$$
$$+\ 532$$
$$9$$

Jawohl!

Merke dir: immer ganz rechts anfangen. Rechts hat Vorfahrt!

Hier wurde gerechnet: $7 + 2 = 9$.

Im nächsten Schritt kommen die Zehner dran, die auch wieder zusammengezählt werden. Das Ergebnis wird unter die Zehner eingetragen.

Zehner
↓

$$257$$
$$+\ 532$$
$$89$$

Gerechnet wurde: $5 + 3 = 8$.

Schließlich wiederholt sich das Spiel nochmals bei den Hundertern: Auch sie werden addiert, und das Ergebnis wird an der richtigen Stelle eingetragen. Jetzt lautet die Rechnung: $2 + 5 = 7$.

Hunderter
↓

$$257$$
$$+\ 532$$
$$789$$

Schriftliches Addieren bis 1000

Summand + Summand = Summe

Nehmen wir ein zweites Beispiel. Die Aufgabe lautet:
Addiere 641 und 313! Zuerst schreiben wir die beiden Zahlen sorgfältig untereinander:

$$641$$
$$313$$

Dann ziehen wir den Strich darunter und bringen das Pluszeichen an:

$$641$$
$$+\ \underline{313}$$

Begonnen wird ganz rechts bei den Einern. Die Rechnung
für die Einer lautet: $1 + 3 = 4$. Dieses Ergebnis schreiben
wir direkt unter die Einer:

Einer
↓
$$641$$
$$+\ \underline{313}$$
$$4$$

Jetzt kommen die Zehner dran. Hier heißt es: $4 + 1 = 5$.

Zehner
↓
$$641$$
$$+\ \underline{313}$$
$$54$$

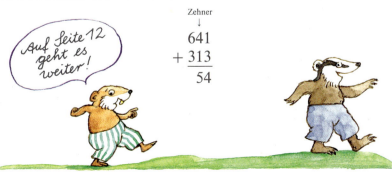

Auf Seite 12 geht es weiter!

Schriftliches Addieren bis 1000

Paß auf, daß das Ergebnis an der richtigen Stelle steht. Schließlich gibt es noch die Hunderter. Für sie lautet die Rechnung: $6 + 3 = 9$.

$$
\begin{array}{r}
\text{Hunderter} \\
\downarrow \\
641 \\
+\ 313 \\
\hline
954
\end{array}
$$

In Musteraufgabe 1 kannst du das schriftliche Addieren üben.

Die ausführliche Lösung findest du am Ende des Kapitels vor den Aufgaben zum selbständigen Lösen.

Musteraufgaben

Aufgabe 1: Addiere jeweils die beiden Zahlen.

a) 123 und 274

b) 743 und 111

c) 27 und 872

d) 540 und 17

e) 409 und 380

f) 212 und 777

g) 632 und 306

h) 78 und 901

Allerdings gibt es beim schriftlichen Addieren manchmal eine Schwierigkeit. Das ist in der folgenden Aufgabe der Fall: 645 und 237 sind zu addieren. Wir schreiben die Zahlen untereinander, ziehen den Strich und vergessen auch das Pluszeichen nicht.

$$
\begin{array}{r}
645 \\
+\ 237 \\
\hline
\end{array}
$$

Schriftliches Addieren bis 1000

Los geht's wie immer ganz rechts bei den Einern. Die Rechnung lautet: $5 + 7 = 12$. In einem solchen Fall darf man nur die 2 unter die Einer eintragen. Die 10, die noch übrigbleiben, werden durch eine 1 in der Reihe der Zehner festgehalten.

Deshalb ist es besser, den Strich nicht zu nahe unter die Zahlen zu setzen.

Einer
↓

$$\begin{array}{r} 645 \\ + 237 \\ \hline {\scriptstyle 1} \\ \hline 2 \end{array}$$

Bei den Zehnern müssen wir jetzt drei Zahlen zusammenzählen: $4 + 3 + 1 = 8$. Das Ergebnis schreiben wir wie gewohnt auf.

Zehner
↓

$$\begin{array}{r} 645 \\ + 237 \\ \hline {\scriptstyle 1} \\ \hline 82 \end{array}$$

Bleiben noch die Hunderter. Hier gibt es keine Schwierigkeiten: $6 + 2 = 8$.

Hunderter
↓

$$\begin{array}{r} 645 \\ + 237 \\ \hline {\scriptstyle 1} \\ \hline 882 \end{array}$$

Schriftliches Addieren bis 1000

Betrachten wir noch ein zweites Beispiel: Zu addieren sind die Zahlen 488 und 345.

$$\begin{array}{r} 488 \\ + 345 \\ \hline \end{array}$$

Denk daran: Platz lassen!

Schon bei den Einern müssen wir aufpassen. Die Rechnung lautet: $8 + 5 = 13$. Also 3 hinschreiben und eine 1 in die Zehnerreihe schreiben:

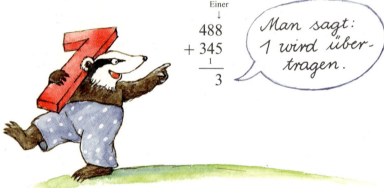

Einer ↓

$$\begin{array}{r} 488 \\ + 345 \\ {}_1 \\ \hline 3 \end{array}$$

Man sagt: 1 wird übertragen.

Ähnlich sieht es bei den Zehnern aus. Hier rechnest du: $8 + 4 + 1 = 13$. Wieder mußt du eine 3 hinschreiben und eine 1 übertragen.

Zehner ↓

$$\begin{array}{r} 488 \\ + 345 \\ {}_{1\,1} \\ \hline 33 \end{array}$$

Bei den Hundertern geht es dann wie gehabt: $4 + 3 + 1 = 8$. Hinschreiben und das Gesamtergebnis steht da.

Hunderter ↓

$$\begin{array}{r} 488 \\ + 345 \\ {}_{1\,1} \\ \hline 833 \end{array}$$

14

Schriftliches Addieren bis 1000

Wenn du das Ergebnis überprüfen willst, kannst du dieselbe
Rechnung noch einmal von unten nach oben durchführen:

$$
\begin{array}{r}
488 \\
+\,345 \\
\hline
\end{array}
$$

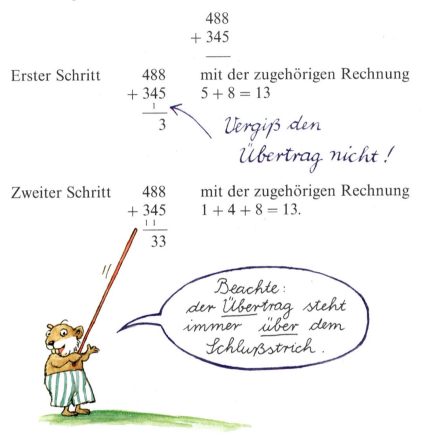

Erster Schritt

$$
\begin{array}{r}
488 \\
+\,345 \\
{\scriptstyle 1} \\
\hline
3 \\
\end{array}
$$

mit der zugehörigen Rechnung
$5 + 8 = 13$

Vergiß den Übertrag nicht!

Zweiter Schritt

$$
\begin{array}{r}
488 \\
+\,345 \\
{\scriptstyle 1\,1} \\
\hline
33 \\
\end{array}
$$

mit der zugehörigen Rechnung
$1 + 4 + 8 = 13.$

Beachte: der Übertrag steht immer über dem Schlußstrich.

Letzter Schritt

$$
\begin{array}{r}
488 \\
+\,345 \\
{\scriptstyle 1\,1} \\
\hline
\underline{833} \\
\end{array}
$$

mit der Rechnung
$1 + 3 + 4 = 8.$

Das Ergebnis ist dasselbe, was uns eine gewisse Sicherheit
gibt, richtig gerechnet zu haben.
Die nachfolgenden Musteraufgaben bringen Rechnungen
mit und ohne Übertrag.

Aufgabe 2: Berechne und prüfe durch Nachrechnen von unten nach oben.

a) 214   b) 77   c) 819   d) 164
  + 592   + 99   + 81   + 416

e) 945   f) 623   g) 125   h) 379
  + 39   + 98   + 742   + 620

Aufgabe 3: Anna hat auf ihrem Sparbuch 480 DM. Sie zahlt 120 DM dazu. Wieviel DM sind dann auf ihrem Sparbuch? Später zahlt sie weitere 235 DM ein. Wie lautet jetzt der Kontostand?

Aufgabe 4: Bei einer Verkehrszählung werden die vorbeifahrenden Wagen zwischen 6 und 12 Uhr sowie zwischen 12 und 18 Uhr ermittelt. Wieviel Wagen sind zwischen 6 und 18 Uhr insgesamt vorbeigefahren, wenn folgende Zahlen festgestellt wurden:

a) 342 und 401   b) 197 und 343

c) 498 und 499   d) 76 und 128

Beim schriftlichen Addieren muß man sich nicht auf zwei Zahlen beschränken. Man kann auch mehrere Zahlen zulassen. Die Rechnung wird dann umfangreicher, aber sonst gibt es keine wesentlichen Unterschiede.
Ein Beispiel soll das verdeutlichen:

$$\begin{array}{r} 123 \\ + 98 \\ + 407 \\ \hline \end{array}$$

Zahlen, die zusammengezählt werden, heißen Summanden.

Vergiß nicht, Platz für die Überträge zu lassen.

Und schön immer untereinander!

Schriftliches Addieren bis 1000

Auch hier beginnst du mit den Einern, also ganz hinten:

Einer
↓

```
  123
+  98
+ 407
    1
─────
    8
```

Die zugehörige Rechnung lautet:
$3 + 8 + 7 = 18$. Also die 8 in die Einerspalte eintragen und eine 1 als Übertrag in die Zehnerspalte.

Nun kommen die Zehner dran:

Zehner
↓

```
  123
+  98
+ 407
   1 1
─────
   28
```

Hier sieht die Rechnung so aus:
$2 + 9 + 0 + 1 = 12$. Also kommt in die Zehnerspalte eine 2 und eine 1 in die Hunderterspalte als Übertrag.

Schließlich müssen wir noch die Hunderter ausrechnen.

Hunderter
↓

```
  123
+  98
+ 407
   1 1
─────
  628
```

Du mußt so rechnen:
$1 + 4 + 1 = 6$. Also kommt die 6 in die Hunderterspalte. Einen Übertrag gibt es hier nicht.

Aufgabe 5: Prüfe diese Rechnung nach, indem du von unten nach oben rechnest.

Schriftliches Addieren bis 1000

Sollen mehrere Zahlen addiert werden, so können die Überträge größer werden. Das zeigt dir das folgende Beispiel:

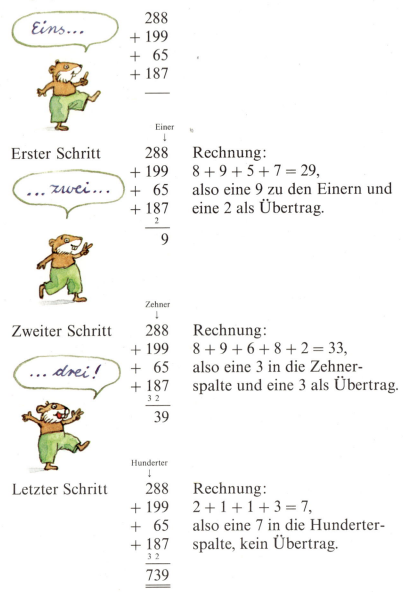

Eins...

$$288 + 199 + 65 + 187$$

Erster Schritt

Einer ↓

$$
\begin{array}{r}
288 \\
+ 199 \\
+ 65 \\
+ 187 \\
\hline
{\scriptstyle 2} \\
9
\end{array}
$$

...zwei...

Rechnung:
$8 + 9 + 5 + 7 = 29,$
also eine 9 zu den Einern und
eine 2 als Übertrag.

Zweiter Schritt

Zehner ↓

$$
\begin{array}{r}
288 \\
+ 199 \\
+ 65 \\
+ 187 \\
\hline
{\scriptstyle 3\,2} \\
39
\end{array}
$$

...drei!

Rechnung:
$8 + 9 + 6 + 8 + 2 = 33,$
also eine 3 in die Zehnerspalte und eine 3 als Übertrag.

Letzter Schritt

Hunderter ↓

$$
\begin{array}{r}
288 \\
+ 199 \\
+ 65 \\
+ 187 \\
\hline
{\scriptstyle 3\,2} \\
739
\end{array}
$$

Rechnung:
$2 + 1 + 1 + 3 = 7,$
also eine 7 in die Hunderterspalte, kein Übertrag.

Aufgabe 6: Berechne und prüfe durch Nachrechnen von unten nach oben.

a)   52   b)   604   c)   233
   + 19   + 10   + 234
   + 103   + 100   + 235
   + 276   + 233

d)   484   e)   87   f)   329
   + 32   + 78   + 175
   + 111   + 29   + 280
   + 204   + 17   + 88

Aufgabe 7: In einem Kino werden täglich die Besucher gezählt, wobei am Montag begonnen wird. Die ermittelten Zahlen lauten: 48, 52, 85, 64, 115, 225, 198. Wie viele Besucher waren in dieser Woche insgesamt im Kino?

Aufgabe 8: Die Pestalozzi-Schule umfaßt sechs Klassen, in denen sich 24, 26, 32, 34, 22 und 25 Kinder befinden. Wie viele Schüler hat die Schule insgesamt?

Lösungen der Musteraufgaben

Aufgabe 1:   a)   123   Die einzelnen Rechnungen
                  + 274   lauten: für die Einer: $3 + 4 = 7$;
                  ———   für die Zehner $2 + 7 = 9$;
                  397   für die Hunderter $1 + 2 = 3$.

b)   743   c)   27   d)   540
   + 111   + 872   + 17
   ———   ———   ———
   854   899   557

e)   409   f)   212   g)   632
   + 380   + 777   + 306
   ———   ———   ———
   789   989   938

h)   78
    + 901
      979

Hier siehst du noch mal, wie wichtig das ordentliche Untereinanderschreiben bei den Zahlen ist. Rutscht die 78 zu weit nach links, so kann man leicht auf die Idee kommen, die Zahl lautete 780, wobei die 0 vergessen worden ist.

Aufgabe 2: a)   214
             + 592
               ₁
               806

Die Rechnungen lauten, wenn du von oben nach unten vorgehst: Einer: $4 + 2 = 6$; Zehner: $1 + 9 = 10$, also 0 in die Zehnerspalte und eine 1 als Übertrag, Hunderter: $2 + 5 + 1 = 8$. Von unten nach oben gerechnet, lauten die Rechnungen: Einer: $2 + 4 = 6$; Zehner: $9 + 1 = 10$, also eine 0 in die Zehnerspalte und eine 1 als Übertrag in die Hunderterspalte; Hunderter: $1 + 5 + 2 = 8$. Das Ergebnis ist gleich.

Egal, ob du von oben oder unten addierst – das Ergebnis ist immer das gleiche.

b)   77
    + 99
       ₁₁
      176

Von oben nach unten gerechnet, ergeben sich folgende Rechnungen: Einer: $7 + 9 = 16$, also eine 6 in die Spalte der Einer und eine 1 in die Zehnerspalte als Übertrag; Zehner: $7 + 9 + 1 = 17$, also eine 7 in die Zehnerspalte und eine 1 als Übertrag in die Hunderterspalte; Hunderter: Hier ist lediglich die 1 vom Übertrag aus der Zehnerspalte zu berücksichtigen. Das Ergebnis lautet deshalb einfach 1. Man könnte sich auch jeweils eine 0 vor 77 und vor 99 denken und dann rechnen: $0 + 0 + 1 = 1$. Das ändert natürlich nichts.

Von unten nach oben lauten die entsprechenden Rechnungen: Einer: $9 + 7 = 16$, also eine 6 in die Einerspalte und eine 1 als Übertrag; Zehner: $1 + 9 + 7 = 17$, eine 7 in die Zehnerspalte und eine 1 als Übertrag; Hunderter: Auch diesmal ist nur eine 1 zu beachten.

Beim Rechnen von unten nach oben fängt man stets mit den Überträgen an.

c)
```
  819
+  81
  11
─────
  900
═════
```

d)
```
  164
+ 416
   1
─────
  580
═════
```

e)
```
  945
+  39
   1
─────
  984
═════
```

f)
```
  623
+  98
  11
─────
  721
═════
```

g)
```
  125
+ 742
─────
  867
═════
```

h)
```
  379
+ 620
─────
  999
═════
```

Aufgabe 3: Zunächst mußt du die beiden ersten Geldbeträge zusammenzählen. Das ergibt:

```
  480
+ 120
   1
─────
  600
═════
```

Nach der ersten Einzahlung besitzt Anna 600 DM auf ihrem Konto. Zu diesem Betrag mußt du den nächsten Betrag addieren:

```
  600
+ 235
─────
  835
═════
```

Nach der zweiten Einzahlung lautet der Kontostand 835 DM. Diesen Endbetrag hättest du auch so ausrechnen können:

```
    480
+ 120
+ 235
```

Prüfe, ob du so auf das gleiche Ergebnis kommst.

Aufgabe 4: Die Anzahl der Wagen, die zwischen 6 und 18 Uhr vorbeigefahren sind, findest du, indem du zu der Anzahl von Wagen, die zwischen 6 und 12 Uhr vorbeigefahren sind, diejenigen hinzuzählst, die zwischen 12 Uhr und 18 Uhr vorbeifahren. Die Rechnungen lauten:

a)
```
  342
+ 401
─────
  743
═════
```

b)
```
  197
+ 343
  1 1
─────
  540
═════
```

c)
```
  498
+ 499
  1 1
─────
  997
═════
```

d)
```
   76
+ 128
  1 1
─────
  204
═════
```

Es sind also a) 743, b) 540, c) 997 und d) 204 Wagen vorbeigekommen.

Aufgabe 5: Gehst du von unten nach oben vor, so lauten die Rechnungen so: Einer: $7 + 8 + 3 = 18$, also eine 8 in die Einerspalte und eine 1 als Übertrag; Zehner: $1 + 0 + 9 + 2 = 12$, also eine 2 in die Zehnerspalte und eine 1 als Übertrag; Hunderter: $1 + 4 + 1 = 6$; also eine 6 in die Hunderterspalte, kein Übertrag. Das Ergebnis ist somit dasselbe: 628.

Aufgabe 6: a)
```
     52
+    19
+   103
+   276
    1 2
─────
    450
═════
```

Schriftliches Addieren bis 1000

Rechnest du von oben nach unten, so lauten die Rechnungen folgendermaßen. Einer: $2 + 9 + 3 + 6 = 20$, also eine 0 in die Einerspalte und eine 2 als Übertrag. Zehner: $5 + 1 + 0 + 7 + 2 = 15$, also eine 5 in die Zehnerspalte und eine 1 als Übertrag; Hunderter: $1 + 2 + 1 = 4$, also eine 4 in die Hunderterspalte, kein Übertrag.

Beim Rechnen von unten nach oben lauten die Rechnungen etwas anders, das Endergebnis ist aber selbstverständlich dasselbe. Einer: $6 + 3 + 9 + 2 = 20$, eine 0 in die Einerspalte und eine 2 als Übertrag; Zehner: $2 + 7 + 0 + 1 + 5 = 15$, eine 5 in die Zehnerspalte und eine 1 als Übertrag; Hunderter: $1 + 2 + 1 = 4$, eine 4 in die Hunderterspalte, kein Übertrag.

b)
```
    604
 +   10
 +  100
 +  233
 ──────
    947
 ══════
```

c)
```
    233
 +  234
 +  235
   1 1
 ──────
    702
 ══════
```

d)
```
    484
 +   32
 +  111
 +  204
   1 1
 ──────
    831
 ══════
```

e)
```
     87
 +   78
 +   29
 +   17
    2 3
 ──────
    211
 ══════
```

f)
```
    329
 +  175
 +  280
 +   88
    2 2
 ──────
    872
 ══════
```

In diesem Fall geht's von oben nach unten schneller...

Aufgabe 7: Ähnlich wie in den Aufgaben 3 und 4 mußt du auch hier die verschiedenen Zahlen zusammenzählen:

$$
\begin{array}{r}
48 \\
+\ 52 \\
+\ 85 \\
+\ 64 \\
+\ 115 \\
+\ 225 \\
+\ 198 \\
\tiny{3\,3} \\
\hline
787 \\
\hline
\end{array}
$$

Insgesamt hatte das Kino in dieser Woche 787 Besucher.

Aufgabe 8: Auch hier heißt es wieder addieren!

$$
\begin{array}{r}
24 \\
+\ 26 \\
+\ 32 \\
+\ 34 \\
+\ 22 \\
+\ 25 \\
\tiny{2} \\
\hline
163 \\
\hline
\end{array}
$$

Die Pestalozzi-Schule hat insgesamt 163 Schüler.

Schriftliches Addieren bis 1000

Aufgaben zum selbständigen Lösen

Kurze Hinweise zu den Lösungen dieser Aufgaben findest du am Ende des Buches ab Seite 88.

Aufgabe 1: Berechne. Überprüfe durch Rechnung von unten nach oben

a)   206
  + 342
  + 35
  + 99

b)   17
  + 19
  + 21
  + 23
  + 413

c)   489
  + 98
  + 19
  + 207
  + 111

d)   620
  + 369

e)   222
  + 333
  + 444

f)   505
  + 95
  + 100
  + 239

Aufgabe 2: Die beiden abgebildeten Quadrate sollen Zauberquadrate sein. Das bedeutet, daß die Summe waagrecht, senkrecht und in den beiden großen Diagonalen immer gleich ist. Prüfe diese Behauptung nach.

9	23	22	12
20	14	15	17
16	18	19	13
21	11	10	24

7	21	20	10
18	12	13	15
14	16	17	11
19	9	8	22

Aufgabe 3: Schreibe untereinander und zähle zusammen.
a) 377 + 600 + 21   b) 90 + 103 + 217 + 339
c) 9 + 28 + 54 + 675 + 29 + 7

Aufgabe 4: Herr Meier kauft ein Fahrrad zu 298 DM, einen Helm für 45 DM und einen Regenanzug zu 198 DM. Wieviel muß er insgesamt zahlen?

Aufgabe 5: Auch dieses Quadrat ist ein Zauberquadrat. Die Summe, die sich in allen Richtungen (waagrecht, senkrecht, diagonal) ergibt, soll 369 sein. Kannst du die fehlenden Zahlen ergänzen?

	4	53	12	61	20	69	28	
76	44	3		11	60	19	68	36
	75	43	2	51	10	59	27	67
66	34	74	42	1		18	58	26
25		33	73		9	49		57
	24	64	32	81		8	48	16
15	55				80	39	7	47
	14	63	22	71	30	79	38	6
5	54		62	21	70			37

Schriftliches Addieren bis 1000

Aufgabe 6: In dem Stadtplan sind Entfernungen eingetragen. Diese werden in Minuten gemessen. Bestimme folgende Entfernungen: a) vom Kino bis zum Fahrradhändler; b) vom Hotel bis zur Schule; c) von der Bushaltestelle bis zur Bücherhalle; d) von der Apotheke bis zum Schreibwarengeschäft. Suche den längsten Weg, der in der Zeichnung zu finden ist. Beachte, daß immer die eingezeichneten Zwischenstationen passiert werden müssen. Direkte Verbindungen sind nicht zugelassen.

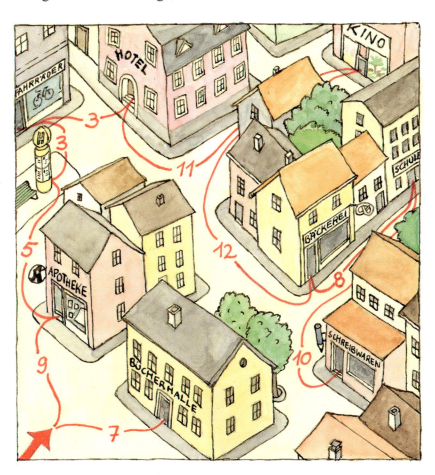

Schriftliches Addieren bis 1 Million

Willst du Zahlen zusammenzählen, die größer als tausend sind, so geht auch das mit Hilfe der schriftlichen Addition. Einen Unterschied zu kleinen Zahlen gibt es eigentlich nicht, nur daß eben die Zahlen größer sind, und die Rechnung deshalb umfangreicher ist.
Ein Beispiel soll dies zeigen.

$$\begin{array}{r} 19\,273 \\ +\ 27\,401 \\ +\ 95\,579 \end{array}$$

Bei größeren Zahlen ist es besonders wichtig, sie ordentlich untereinander zu schreiben. Um diese Zahlen übersichtlicher zu machen, faßt man immer drei Ziffern zu einem Päckchen zusammen. Dabei beginnt man am hinteren Ende der Zahl. Die „Päckchen" werden durch einen kleinen Zwischenraum voneinander getrennt.

Also zum Beispiel : 343 745
und nicht : 343745 oder
gar so : 3 437 45!

343745 → 343 745

Im ersten Schritt kommen die Einer dran.

Einer
↓

$$\begin{array}{r} 19\,273 \\ +\ 27\,401 \\ +\ 95\,579 \\ {}^{1} \\ \hline 3 \end{array}$$

Die Rechnung lautet:
$3 + 1 + 9 = 13$, also eine 3 in die Einerspalte und eine 1 als Übertrag.

Schriftliches Addieren bis 1 Million

Jetzt kommen die Zehner an die Reihe.

Zehner
↓
```
   19 273     Die Rechnung sieht so aus:
 + 27 401     7 + 0 + 7 + 1 = 15, also eine 5 in die
 + 95 579     Zehnerspalte und eine 1 als Übertrag.
      1 1
      53
```

Dann müssen wir die Hunderter betrachten.

Hunderter
↓
```
   19 273     Die Rechnung lautet:
 + 27 401     2 + 4 + 5 + 1 = 12, also eine 2 in die
 + 95 579     Hunderterspalte und eine 1 als Übertrag.
    1  1 1
     253
```

Als nächstes müssen wir die Tausender zusammenzählen.

Tausender
↓
```
   19 273     Hier ergibt sich folgende Rechnung:
 + 27 401     9 + 7 + 5 + 1 = 22, also eine 2 in die
 + 95 579     Tausenderspalte und eine 2 als Übertrag.
   2 1  1 1
   2 253
```

Schließlich kommen noch die Zehntausender dran.

Zehntausender
↓
```
   19 273     Jetzt mußt du so rechnen:
 + 27 401     1 + 2 + 9 + 2 = 14, also eine 4 in die
 + 95 579     Zehntausenderspalte und eine 1 als
   1 2 1  1 1  Übertrag.
  42 253
```

Schriftliches Addieren bis 1 Million

Als letztes bleiben noch die Hunderttausender übrig.

Hunderttausender
↓

```
    19 273
  + 27 401
  + 95 579
    1 2 1 1 1
   ────────
   142 253
```

Hier ist nur die 1 zu berücksichtigen, die als Übertrag aus der Zehntausenderspalte gekommen ist. Zu rechnen gibt es somit nichts; die 1 muß nur noch unter den Strich geschrieben werden.

Die nachfolgenden Aufgaben bieten dir Gelegenheit, das Addieren mit großen Zahlen weiter zu üben.

Aufgaben zum selbständigen Lösen

Aufgabe 1: Schreibe untereinander und addiere. Prüfe die Rechnung von unten nach oben.

a) 237 473, 188 100, 486 390
b) 11 500, 123 000, 540 500, 7 900
c) 666 666, 33 333, 244 444
d) 950, 575 375, 2 912, 6 790, 10 936

Aufgabe 2: In der nachfolgenden Tabelle sind die Zahlen, die untereinander stehen, und die Zahlen, die nebeneinander stehen, zusammenzuzählen.

412 602	85 273	319 340
507 829	212 580	199 505

Aufgabe 3: Die nachfolgende Tabelle gibt an, wieviel der verschiedenen Sorten Benzin und wieviel Diesel eine Großtankstelle täglich verkauft hat. a) Ermittle jeweils die Zahlen für die ganze Woche. b) Wieviel Treibstoff hat die Tankstelle insgesamt verkauft?

Tankstelle Fettig

Tel: 33133

Schmieren 1
Industriegebiet

ESSI

	Benzin	Super	Super bleifrei	Diesel	Tages-summe
Montag	5 320	6 115	3 775	2 505	
Dienstag	5 740	6 370	4 005	2 615	
Mittwoch	5 835	6 525	4 400	2 435	
Donnerstag	4 925	5 995	3 655	2 350	
Freitag	12 215	11 375	8 210	5 210	
Samstag	8 750	9 210	6 315	4 305	
Sonntag	3 455	4 055	1 775	975	
Summe wöchentlich					

Aufgabe 4: Ergänze die fehlenden Ziffern.

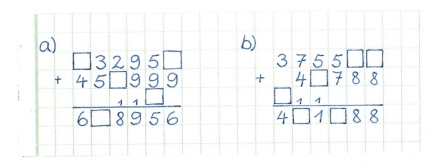

a)
```
   □ 3 2 9 5 □
 +  4 5 □ 9 9 9
      ₁ ₁ □
   6 □ 8 9 5 6
```

b)
```
   3 7 5 5 □ □
 +  4 □ 7 8 8
   □ ₁ ₁
   4 □ 1 □ 8 8
```

Das schriftliche Subtrahieren verläuft ganz ähnlich wie das Addieren. Auch hier mußt du Einer unter Einer, Zehner unter Zehner und so weiter schreiben:

$$
\begin{array}{r}
986 \\
-315
\end{array}
$$

Wieder fängt man mit den Einern an. Die Rechnung lautet: $6 - 5 = 1$. Das Ergebnis 1 kannst du hinschreiben.

Einer
↓
$$
\begin{array}{r}
986 \\
-315 \\
\hline
1
\end{array}
$$

Für die Zehner sieht die Rechnung so aus: $8 - 1 = 7$. Das Resultat 7 tragen wir unter dem Strich in die Zehnerspalte ein.

Zehner
↓
$$
\begin{array}{r}
986 \\
-315 \\
\hline
71
\end{array}
$$

Schließlich kommen noch die Hunderter dran: $9 - 3 = 6$. Hier lautet das Ergebnis 6. Unter dem Strich eintragen, und fertig ist die Subtraktion.

Hunderter
↓
$$
\begin{array}{r}
986 \\
-315 \\
\hline
671
\end{array}
$$

 Minuend − Subtrahend = Differenz

Schriftliches Subtrahieren bis 1000

Ob du bei einer Subtraktion richtig gerechnet hast, kannst du leicht nachprüfen. Zähle zum erhaltenen Ergebnis einfach die Zahl dazu, die du abgezogen hast. Dann muß die Zahl, von der abgezogen wurde, herauskommen.

$$
\begin{array}{r}
671 \\
+\ 315 \\
\hline
986
\end{array}
$$

Betrachten wir noch ein Beispiel. Frau Mahlzahn hat für die wöchentlichen Ausgaben 625 DM zur Verfügung. Sie hat in dieser Woche bereits 415 DM ausgegeben. Wieviel Geld steht ihr noch zur Verfügung?

Das haben wir gleich!

Die dazugehörige Rechnung sieht so aus:

$$
\begin{array}{r}
625 \\
-\ 415 \\
\hline
\end{array}
$$

Erster Schritt die Einer:

Einer
↓

$$
\begin{array}{r}
625 \\
-\ 415 \\
\hline
0
\end{array}
$$
Die Rechnung lautet:
$5 - 5 = 0$

Zweiter Schritt die Zehner:

Zehner
↓

$$625$$
$$-415$$
$$\overline{10}$$

Die Rechnung sieht so aus:
$2 - 1 = 1$

Und zum Schluß die Hunderter:

Hunderter
↓

$$625$$
$$-415$$
$$\overline{210}$$

Hier heißt die Rechnung:
$6 - 4 = 2$

Machen wir auch hier die Probe:

$$210$$
$$+415$$
$$\overline{625}$$

Frau Mahlzahn hat noch 210 DM zur Verfügung.
Die beiden ersten Musteraufgaben zeigen dir noch einmal,
wie das schriftliche Subtrahieren vor sich geht.

Musteraufgaben

Aufgabe 1: Schreibe untereinander und subtrahiere.
Mache anschließend die Probe durch Addieren.

a) 780, 270   b) 630, 125   c) 975, 655
d) 435, 15   e) 872, 771   f) 959, 238

Aufgabe 2: Herr Müller ist diese Woche 926 km gefahren. Davon 515 km dienstlich. Wieviel Kilometer ist er privat gefahren?

Schriftliches Subtrahieren bis 1000

Nicht immer geht das schriftliche Subtrahieren so glatt wie in den angegebenen Beispielen. Das zeigt uns die Aufgabe

$$742 \\ -\,518$$

Wie immer fangen wir ganz hinten bei den Einern an. Die Aufgabe lautet aber: $2 - 8$. Das geht nicht, denn die Zahl, die abgezogen wird, ist hier größer als die Zahl, von der abgezogen werden soll.

Da hilft nur eins: Schuldenmachen. Wir borgen uns in der Zehnerspalte einen Zehner aus und rechnen bei den Einern dann so: $12 - 8 = 4$.

Wenn es ehrlich zugehen soll, muß man den geborgten Zehner wieder zurückgeben. Das geht so:

$$\begin{array}{r} \text{Einer} \\ \downarrow \\ 742 \\ -\,518 \\ {}_1 \\ \hline 4 \end{array}$$

Die neu hinzugekommene 1 erinnert daran, daß wir einen Zehner für die Rechnung bereits verbraucht haben. Bei den Zehnern lautet die Rechnung also: $4 - 1 - 1 = 2$.

$$\begin{array}{r} \text{Zehner} \\ \downarrow \\ 742 \\ -\,518 \\ {}_1 \\ \hline 24 \end{array}$$

Beachte, daß bei der Subtraktion der Übertrag abgezogen wird!

Bei den Hundertern ist die Rechnung dann wieder einfach: $7 - 5 = 2$.

$$\begin{array}{r} \text{Hunderter} \\ \downarrow \\ 742 \\ -\,518 \\ {}_1 \\ \hline 224 \end{array}$$

Schriftliches Subtrahieren bis 1000

Betrachten wir noch einmal Frau Mahlzahns Haushalts-kasse. In einer anderen Woche hat sie von ihren 625 DM nur 388 DM bis Mittwoch ausgegeben. Wieviel Geld bleibt ihr für den Rest der Woche? Die Aufgabe sieht also so aus:

$$\begin{array}{r} 625 \\ -\,388 \\ \hline \end{array}$$

Um bei den Einern rechnen zu können, müssen wir uns einen Zehner ausleihen: $15 - 8 = 7$.
Bei den Zehnern heißt es jetzt: $2 - 8 - 1$. Das geht nicht, weshalb wir wieder etwas borgen. Diesmal bei den Hunder-tern. Wir erhalten dann die Rechnung: $12 - 8 - 1 = 3$.

$$\begin{array}{r} \text{Zehner} \\ \downarrow \\ 625 \\ -\,388 \\ {\scriptstyle 1\ 1} \\ \hline 37 \end{array}$$

Schließlich kommen die Hunderter dran: $6 - 3 - 1 = 2$.
Hier gibt es keine Schwierigkeiten.

$$\begin{array}{r} 625 \\ -\,388 \\ {\scriptstyle 1\ 1} \\ \hline 237 \end{array}$$

Die Probe durch Addieren sieht hier so aus:

$$237$$
$$+\,388$$
$$\underline{\;{}^{1\,1}\;}$$
$$625$$

Wir haben also richtig gerechnet!

Wenn dir Rechnungen wie $8 - 5 - 2$ Schwierigkeiten bereiten, kannst du schrittweise vorgehen: Zuerst rechnest du $8 - 5$, das ergibt 3. Von diesem Ergebnis ziehst du nun die zweite Zahl ab: $3 - 2 = 1$.

Aufgabe 3: Schreibe untereinander und subtrahiere. Mache die Probe durch Addieren.

a) 502, 398 b) 980, 460 c) 725, 290
d) 660, 425 e) 888, 99 f) 435, 225

Aufgabe 4: Marion hat 880 DM gespart. Sie kauft sich einen Plattenspieler für 595 DM. Reicht der Rest noch für ein Radio, das 270 DM kostet? Wenn ja, wieviel Geld behält Marion noch übrig?

Auch beim Subtrahieren braucht man sich nicht auf zwei Zahlen zu beschränken. Wie gerechnet wird, zeigt dir das nächste Beispiel.

$$668$$
$$-\,417$$
$$\underline{-\,225}$$

Begonnen wird wie immer mit den Einern. Werden mehrere Zahlen abgezogen, so stellt man zuerst fest, wieviel insgesamt abzuziehen ist.

Schriftliches Subtrahieren bis 1000

Im Beispiel sollen 7 und 5 abgezogen werden, also zusammen 12. Wir müßten also rechnen $8 - 12$, was nicht geht. Deshalb müssen wir wieder borgen: $18 - 12 = 6$.

Einer
↓

$$
\begin{array}{r}
668 \\
-417 \\
-225 \\
\hline
{\scriptstyle 1} \\
\hline
6
\end{array}
$$

Auch bei den Zehnern überlegen wir, wieviel insgesamt abzuziehen ist. Dabei beginnt man am besten unten und zählt alle Zahlen zusammen, bis man zur obersten Zahl kommt. Die bleibt aber unberücksichtigt.
$1 + 2 + 1 = 4$. Die gefundene Zahl wird nun von der obersten abgezogen: $6 - 4 = 2$. Das Ergebnis gehört in die Zehnerspalte.

Zehner
↓

$$
\begin{array}{r}
668 \\
-417 \\
-225 \\
\hline
{\scriptstyle 1} \\
\hline
26
\end{array}
$$

Bei den Hundertern rechnest du: $2 + 4 = 6$.
Diese Zahl mußt du von der obersten abziehen: $6 - 6 = 0$.
Das Ergebnis wird in die Hunderterspalte eingetragen.

Hunderter
↓

$$
\begin{array}{r}
668 \\
-417 \\
-225 \\
\hline
{\scriptstyle 1} \\
\hline
026
\end{array}
$$

Die 0 am Anfang des Ergebnisses läßt man natürlich weg. Das Endergebnis lautet somit 26.

Schriftliches Subtrahieren bis 1000

Und weil es
so schön war,
nehmen wir gleich
noch ein zweites
Beispiel.

$$
\begin{array}{r}
870 \\
-335 \\
-225 \\
\end{array}
$$

Beginnen wir wie immer mit den Einern. Hier mußt du $5 + 5 = 10$ abziehen. Dafür sagt man oft kurz: 5, 10, von 10 abgezogen gibt 0. Dabei wurde aber ein Zehner ausgeliehen, weshalb wir einen Übertrag aufschreiben müssen.

Einer
↓
$$
\begin{array}{r}
870 \\
-335 \\
-225 \\
\underline{{\tiny 1}} \\
0 \\
\end{array}
$$

Bei den Zehnern sieht die Rechnung so aus: $1 + 2 + 3 = 6$. Diese Zahl muß man von 7 abziehen: $7 - 6 = 1$. Also lautet das Ergebnis für die Zehner 1. Kurz rechnet man das so aus: 1, 3, 6. Und dann: $7 - 6$ gibt 1. Somit lautet die Rechnung:

Zehner
↓
$$
\begin{array}{r}
870 \\
-335 \\
-225 \\
\underline{{\tiny 1}} \\
10 \\
\end{array}
$$

Für die Hunderter ergibt sich: 2, 5. Und dann: $8 - 5$ gibt 3. Einen Übertrag gibt es hier ebensowenig wie bei den Zehnern.

$$
\begin{array}{r}
\text{Hunderter} \\
\downarrow \\
870 \\
-\,335 \\
-\,225 \\
\hline
310
\end{array}
$$

Auch die Subtraktion mehrerer Zahlen kann man mit Hilfe der Addition überprüfen. Hierzu mußt du zum Ergebnis alle Zahlen, die abgezogen wurden, hinzuzählen. Herauskommen muß dann die Zahl, von der abgezogen wurde.

$$
\begin{array}{r}
310 \\
+\,225 \\
+\,335 \\
\hline
870
\end{array}
$$

Also stimmt die Rechnung.

Aufgabe 5: Berechne und prüfe durch Addition. Wie lauten die einzelnen Rechnungen?

a) $\begin{array}{r} 679 \\ -\,178 \\ -\,99 \end{array}$
  b) $\begin{array}{r} 600 \\ -\,291 \\ -\,178 \end{array}$
  c) $\begin{array}{r} 560 \\ -\,482 \\ -\,76 \end{array}$

d) $\begin{array}{r} 824 \\ -\,487 \\ -\,299 \end{array}$
  e) $\begin{array}{r} 920 \\ -\,370 \\ -\,510 \end{array}$
  f) $\begin{array}{r} 390 \\ -\,92 \\ -\,87 \end{array}$

Aufgabe 6: Petra hat 725 DM auf ihrem Bankkonto. Sie hebt zuerst 250 DM ab und später noch einmal 325 DM. Wieviel DM sind dann noch auf ihrem Konto?

Aufgabe 7: Ein Autohändler bestellt von einem neuen Autotyp 250 Stück. Im ersten Halbjahr verkauft er 95 Stück, im zweiten Halbjahr 102. Wie viele Wagen bleiben ihm noch?

Aufgabe 8: Welche Zahlen müssen ergänzt werden?

Lösungen der Musteraufgaben

Aufgabe 1:

a)
$$\begin{array}{r} 780 \\ -270 \\ \hline 510 \end{array} \qquad \begin{array}{r} 510 \\ +270 \\ \hline 780 \end{array}$$

b)
$$\begin{array}{r} 630 \\ -125 \\ \hline 505 \end{array} \qquad \begin{array}{r} 505 \\ +125 \\ \hline 630 \end{array}$$

c)
$$\begin{array}{r} 975 \\ -655 \\ \hline 320 \end{array} \qquad \begin{array}{r} 320 \\ +655 \\ \hline 975 \end{array}$$

d)
$$\begin{array}{r} 435 \\ -15 \\ \hline 420 \end{array} \qquad \begin{array}{r} 420 \\ +15 \\ \hline 435 \end{array}$$

e)
$$\begin{array}{r} 872 \\ -771 \\ \hline 101 \end{array} \qquad \begin{array}{r} 101 \\ +771 \\ \hline 872 \end{array}$$

f)
$$\begin{array}{r} 959 \\ -238 \\ \hline 721 \end{array} \qquad \begin{array}{r} 721 \\ +238 \\ \hline 959 \end{array}$$

Aufgabe 2: Hier mußt du von der Gesamtkilometerzahl die Anzahl der Dienstkilometer abziehen. Was herauskommt, sind die Kilometer, die Herr Müller privat gefahren ist.

$$\begin{array}{r} 926 \\ -\,515 \\ \hline 411 \end{array}$$

Die Rechnungen sehen so aus:

Einer: $6 - 5 = 1$
Zehner: $2 - 1 = 1$
Hunderter: $9 - 5 = 4$

Herr Müller ist privat 411 km gefahren.

Aufgabe 3:

a)
$$\begin{array}{r} 502 \\ -\,398 \\ \hline 104 \end{array}$$

Die Rechnungen lauten:

Einer: $2 - 8$ geht nicht, also müssen wir borgen. $12 - 8 = 4$; eine 4 kommt in die Einerspalte und eine 1 als Übertrag in die Zehnerspalte.

Zehner: $0 - 9 - 1$ geht nicht; wieder mußt du borgen. $10 - 9 - 1 = 0$; also eine 0 in die Zehnerspalte und eine 1 als Übertrag in die Hunderterspalte.

Hunderter: $5 - 3 - 1 = 1$; eine 1 kommt als Ergebnis in die Hunderterspalte.

Probe:
$$\begin{array}{r} 104 \\ +\,398 \\ \hline 502 \end{array}$$

Somit haben wir richtig gerechnet!

b)
$$\begin{array}{r} 980 \\ -\,460 \\ \hline 520 \end{array}$$

Hier ist das Rechnen einfach; es gibt keine Überträge. Bei den Einern sieht die Rechnung so aus: $0 - 0 = 0$. Beachte den Unterschied zu Teil a), wo es bei den Zehnern $0 - 9 - 1$ hieß.

Probe:
520
+460
980

Schriftliches Subtrahieren bis 1000

c)
$$
\begin{array}{r}
725 \\
-\ 290 \\
\tiny{1} \\
\hline
435
\end{array}
$$

Einer: $5 - 0 = 5$.
Zehner: $2 - 9$ geht nicht, also borgen.
$12 - 9 = 3$, eine 3 in die Zehnerspalte und eine 1 als Übertrag zu den Hundertern.
Hunderter: $7 - 2 - 1 = 4$.

Probe:
$$
\begin{array}{r}
435 \\
+\ 290 \\
\tiny{1} \\
\hline
725
\end{array}
$$

d)
$$
\begin{array}{r}
660 \\
-\ 425 \\
\tiny{1} \\
\hline
235
\end{array}
$$

Einer: $0 - 5$ geht nicht, also borgen.
$10 - 5 = 5$, 5 hinschreiben und 1 übertragen.
Zehner: $6 - 2 - 1 = 3$.
Hunderter: $6 - 4 = 2$.

Probe:
$$
\begin{array}{r}
235 \\
+\ 425 \\
\tiny{1} \\
\hline
660
\end{array}
$$

e)
$$
\begin{array}{r}
888 \\
-\ 99 \\
\tiny{1\ 1} \\
\hline
789
\end{array}
$$

Einer: $8 - 9$ geht nicht, also borgen.
$18 - 9 = 9$, 9 hinschreiben und 1 übertragen.
Zehner: $8 - 9 - 1$ geht nicht, also wieder borgen: $18 - 9 - 1 = 8$, 8 hinschreiben und 1 übertragen.
Hunderter: $8 - 1 = 7$.

Probe:
$$
\begin{array}{r}
789 \\
+\ 99 \\
\tiny{1\ 1} \\
\hline
888
\end{array}
$$

f)
$$
\begin{array}{r}
435 \\
-\ 225 \\
\hline
210
\end{array}
$$

Hier gibt es keine Überträge.
Die Probe:
$$
\begin{array}{r}
210 \\
+\ 225 \\
\hline
435
\end{array}
$$

Schriftliches Subtrahieren bis 1000

Aufgabe 4: Du mußt beide Beträge vom Kontostand abziehen. Fürs erste Abheben sieht die Rechnung so aus:

$$
\begin{array}{r}
880 \\
-\,595 \\
\hline
285 \\
\hline
\end{array}
$$

Nach dem ersten Abheben lautet der Kontostand 285 DM. Beim zweiten Abheben ergibt sich folgende Rechnung:

$$
\begin{array}{r}
285 \\
-\,270 \\
\hline
15 \\
\hline
\end{array}
$$

Also hat Marion noch 15 DM auf dem Konto.

Aufgabe 5:

a)
$$
\begin{array}{r}
679 \\
-\,178 \\
-\ \ 99 \\
\hline
402 \\
\hline
\end{array}
$$

Hier die einzelnen Rechnungen:
Einer: $19 - 8 - 9 = 2$, wobei ein Übertrag von 1 zu machen ist;
Zehner: $17 - 7 - 9 - 1 = 0$, wieder mit einem Übertrag von 1;
Hunderter: $6 - 1 - 1 = 4$.

Probe:
$$
\begin{array}{r}
402 \\
+\ \ 99 \\
+\,178 \\
\hline
679 \\
\hline
\end{array}
$$

Also haben wir richtig gerechnet!

b)
```
   600
 - 291
 - 178
   2 1
 ─────
   131
```

Probe:
```
   131
 + 178
 + 291
   2 1
 ─────
   600
```

c)
```
   560
 - 482
 -  76
   1 1
 ─────
   002
```

Probe:
```
     2
 +  76
 + 482
   1 1
 ─────
   560
```

d)
```
   824
 - 487
 - 299
   2 2
 ─────
    38
```

Probe:
```
    38
 + 299
 + 487
   2 2
 ─────
   824
```

Einer: $10 - 1 - 8 = 1$, mit einem Übertrag von 1.

Zehner: Hier müßten wir rechnen: $0 - 9 - 7 - 1 = 0 - 17$. Deshalb reicht es nicht, sich 10 auszuborgen. Die Rechnung lautet vielmehr: $20 - 17 = 3$ mit einem Übertrag von 2.

Hunderter: $6 - 2 - 1 - 2 = 1$.

Hier schreibt man kurz 2. Die beiden Nullen am Anfang der Zahl kann man ja weglassen.

Hier tritt gleich zweimal ein Übertrag von 2 auf. Die entsprechenden Rechnungen lauten:

Einer: $4 - 7 - 9 = 4 - 16$ geht nicht, genausowenig wie $14 - 16$, also mußt du rechnen: $24 - 16 = 8$ mit dem Übertrag 2. Bei den Zehnern heißt es: $2 - 8 - 9 - 2 = 2 - 19$. Also mußt du eine 2 ausborgen: $22 - 19 = 3$.

e)
```
    920           Probe:    40
  − 370                  + 510
  − 510                  + 370
    ₁                       ₁
  ─────                  ─────
     40                    920
  ═════                  ═════
```

f)
```
    390           Probe:   211
  −  92                  +  87
  −  87                  +  92
    ₁ ₁                     ₁ ₁
  ─────                  ─────
    211                    390
  ═════                  ═════
```

Aufgabe 6: Da hier nur der letzte Kontostand gefragt ist, können wir einfach die beiden Abbuchungen vom ursprünglichen Kontostand abziehen:

```
    725           Probe:   150
  − 250                  + 325
  − 325                  + 250
    ₁                       ₁
  ─────                  ─────
    150                    725
  ═════                  ═════
```

Es bleiben Petra noch 150 DM auf ihrem Konto.

Aufgabe 7: Die Anzahl der verbleibenden Wagen erhältst du, indem du von den ursprünglich vorhandenen die verkauften abziehst.

```
    250           Probe:    53
  −  95                  + 102
  − 102                  +  95
    ₁ ₁                     ₁ ₁
  ─────                  ─────
     53                    250
  ═════                  ═════
```

Es verbleiben dem Autohändler noch 53 Wagen.

Schriftliches Subtrahieren bis 1000

Aufgabe 8:

a) Du mußt wie immer bei den Einern anfangen. Dort lautet die Frage: Wieviel muß man von 5 abziehen, damit das Ergebnis 5 lautet? Das leistet nur die 0: $5 - 0 = 5$. Bei den Zehnern mußt du dagegen nur ausrechnen: $2 - 1 = 1$. Bei den Hundertern heißt die Frage wieder ähnlich wie bei den Einern: Wieviel muß man von 8 abziehen, damit sich 2 ergibt? Antwort: 6, denn es ist $8 - 6 = 2$. Also sieht die Rechnung so aus:

$$
\begin{array}{r}
825 \\
- \ 610 \\
\hline
215 \\
\hline
\end{array}
\qquad
\text{Probe:}
\begin{array}{r}
215 \\
+ \ 610 \\
\hline
825 \\
\hline
\end{array}
$$

b)
$$
\begin{array}{r}
622 \\
- \ 321 \\
\hline
301 \\
\hline
\end{array}
\quad
\text{Probe:}
\begin{array}{r}
301 \\
+ \ 321 \\
\hline
622 \\
\hline
\end{array}
$$

c)
$$
\begin{array}{r}
537 \\
- \ 236 \\
\hline
301 \\
\hline
\end{array}
\quad
\text{Probe:}
\begin{array}{r}
301 \\
+ \ 236 \\
\hline
537 \\
\hline
\end{array}
$$

Aufgaben zum selbständigen Lösen

Aufgabe 1: Schreibe untereinander und subtrahiere. Mache die Probe durch Addieren.

a) 935, 249, 478
b) 862, 115
c) 532, 375
d) 800, 228, 194
e) 650, 95, 87, 72, 210
f) 450, 115, 225, 90
g) 772, 213, 39, 162, 15, 199

Aufgabe 2: Max hat 670 DM auf seinem Konto. Er hebt zuerst 110 DM ab, dann 230 DM und schließlich noch einmal 100 DM. Wie lautet der Kontostand jeweils nach den einzelnen Abbuchungen. Wie lautet der letzte Kontostand? Überprüfe diesen durch eine einzige Subtraktion.

Aufgabe 3: Ergänze die fehlenden Zahlen in den Kästchen.

a)
```
  □ 4 5
- 6 5 □
  1
  2 □ 0
```

b)
```
  2 □ 5
-   7 8
  1 1
  □ 4 □
```

c)
```
  5 3 □
- □ 9 9
  1 1
  1 □ 4
```

Aufgabe 4: Ein Tankstellenpächter möchte den Absatz an Normalbenzin und Diesel vergleichen. Er legt folgende Tabelle an. Die Angaben bedeuten Liter.

	Normal	Diesel
Montag	680	510
Dienstag	665	570
Mittwoch	690	570
Donnerstag	485	480
Freitag	1518	893
Samstag	1245	425
Sonntag	370	219

a) Berechne den Unterschied zwischen dem Absatz an Benzin und an Diesel für die einzelnen Wochentage.
b) Wieviel Benzin und wieviel Diesel hat der Pächter insgesamt in der Woche verkauft?
c) Berechne den Unterschied zwischen den in b) gefundenen Absatzzahlen.

Aufgabe 5: Michael sagt zu Lisa: Denke dir zwei Zahlen unter 300. Addiere sie und schreibe das Ergebnis auf. Dann ziehe die kleinere Zahl von der größeren ab und schreibe auch dieses Ergebnis auf. Nun subtrahiere vom ersten Ergebnis das zweite. Das Endergebnis ist das Doppelte der kleineren Zahl.
Prüfe diese Behauptung für folgende Zahlenpaare:

a) 278, 125   b) 95, 150   c) 200, 150

Schriftliches Subtrahieren bis 1000

Aufgabe 6: Die untenstehende Karte gibt die Entfernungen zwischen einigen deutschen Städten in Kilometern an.

a) Berechne die Entfernung Hamburg — München über Berlin und über Köln — Frankfurt — Stuttgart.

b) Ermittle den Unterschied zwischen beiden Strecken.

c) Verfahre ebenso mit den Strecken: Berlin — München (direkt) und Berlin — Leipzig — München.

d) Herr Wirsing will von Berlin nach Stuttgart fahren. Er vergleicht die Fahrtmöglichkeiten Berlin — Köln — Frankfurt — Stuttgart und Berlin — München — Stuttgart. Welche Strecke ist kürzer?

Aufgabe 7: Eine Firma hatte am 1. Januar 1992 322 Beschäftigte. Im Jahr 1992 verließen 27 Beschäftigte die Firma. Es wurden 49 Leute im Jahr 1992 eingestellt. Wieviel Beschäftigte hat die Firma Ende 1992?

Auch hier gilt: Das ist nichts wesentlich Neues. Die Rechnungen werden wegen der großen Zahlen natürlich umfangreicher, aber das Schema bleibt das gleiche.

Ein Beispiel:

$$353980 \\ -215195$$

Wie immer geht's bei den Einern los:

Einer
↓

$$353980 \\ -215195 \\ {\scriptstyle 1} \\ \hline 5$$

Die Rechnung lautet:
$10 - 5 = 5$, also die 5 in die Einerspalte und eine 1 als Übertrag zu den Zehnern.

Nun kommen die Zehner dran:

Zehner
↓

$$353980 \\ -215195 \\ {\scriptstyle 1\,1} \\ \hline 85$$

Die Rechnung sieht hier so aus:
$18 - 9 - 1 = 8$, also die 8 in die Zehnerspalte und eine 1 als Übertrag.

Bei den Hundertern geht es ganz einfach:

Hunderter
↓

$$353980 \\ -215195 \\ {\scriptstyle 1\,1} \\ \hline 785$$

Rechnung: $9 - 1 - 1 = 7$

Jedoch bei den Tausendern müssen wir wieder borgen:

Tausender
↓

$$353980 \\ -215195 \\ {\scriptstyle 1\;\;1\,1} \\ \hline 8785$$

Rechnung: $13 - 5 = 8$, Übertrag 1.

Schriftliches Subtrahieren bis 1 Million

Jetzt geht es zu den Zehntausendern:

Zehntausender
↓
```
  353 980     Rechnung: 5 − 1 − 1 = 3, kein Über-
− 215 195     trag.
   1   1 1
───────────
   38 785
```

Zum guten Schluß noch die Hunderttausender:

```
  353 980     Rechnung: 3 − 2 = 1, kein Übertrag.
− 215 195
   1   1 1
═══════════
  138 785
```

Fertig!

Sollst du mehr als eine Zahl abziehen, so ändert das auch nichts an der Methode. Beispiel:

```
  454 909
− 269 317
− 110 596
```

Einer:

Einer
↓
```
  454 909     Rechnung in Kurzform: 6, 13.
− 269 317     19 minus 13 gibt 6. Also eine
− 110 596     6 in die Einerspalte und eine 1
        1     als Übertrag.
───────────
        6
```

Zehner:

Zehner
↓
```
  454 909     Rechnung: 1, 10, 11. 20 minus
− 269 317     11 gibt 9. Also eine 9 in die Zeh-
− 110 596     nerspalte und einen Übertrag
       2 1    von 2 in die Hunderterspalte.
───────────
       96
```

Schriftliches Subtrahieren bis 1 Million

Hunderter
↓

Hunderter: 454909
   − 269317
   − 110596
     1 2 1
      996

Rechnung: 2, 7, 10. 19 − 10 = 9, also eine 9 in die Hunderterspalte und eine 1 als Übertrag zu den Tausendern.

Tausender
↓

Tausender: 454909
   − 269317
   − 110596
     1 1 2 1
     4996

Rechnung: 1, 1, 10. 14 − 10 = 4, also eine 4 in die Tausenderspalte und eine 1 als Übertrag zu den Zehntausendern.

Zehntausender
↓

Zehn-
tausender: 454909
   − 269317
   − 110596
     1 1 1 2 1
    74996

Rechnung: 1, 2, 8. 15 − 8 = 7, also eine 7 in die Zehntausenderspalte und eine 1 als Übertrag zu den Hunderttausendern.

Hunderttausender
↓

Hundert-
tausender: 454909
   − 269317
   − 110596
     1 1 1 2 1
    74996

Rechnung: 1, 2, 4. 4 − 4 = 0.

Da wir an der vordersten Stelle unserer Zahl angekommen sind, brauchen wir diese 0 nicht hinzuschreiben.

OK.

Probe: 74996
   + 110596
   + 269317
     1 1 1 2 1
    454909

Schriftliches Subtrahieren bis 1 Million

Aufgaben zum selbständigen Lösen

Aufgabe 1: Schreibe untereinander und subtrahiere. Mache die Probe durch Addition.

a) 752 119, 332 889, 358 902   b) 610 225, 515 330

c) 900 500, 800 275, 75 300, 668, 33

d) 248 375, 92 580, 60 500, 3 879

Aufgabe 2: Die Stadt Frankfurt am Main hatte 1966 690 000 Einwohner, 1985 waren es noch 610 000. Wieviel Einwohner sind weggezogen? Hannover besaß 1937 458 000 Einwohner, 1972 waren es 514 000. Wieviel Einwohner sind hinzugekommen?

Aufgabe 3: Bestimme zu den vorgegebenen Zahlen eine dritte, so daß die Summe der drei Zahlen dann 900 000 beträgt.

a) 250 000, 375 750   b) 455 000, 45 000

c) 500 275, 233 380   d) 899 500, 250

Aufgabe 4: Welche Zahlen müssen ergänzt werden?

a)
```
   6 5 0 7 0 □
 - □ 8 0 3 5 0
   ───────────
   3 □ □ □ □ 0
```

b)
```
   8 0 0 □ □ 0
 - 5 □ 0 0 0 0
 - □ 0 5 0 0 0
   ───────────
   1 4 □ 2 5 □
```

c)
```
   9 5 0 7 5 0
 − 3 3 3 3 3 3
 −□□□□□□
 ┌─┬─┬─┬─┬─┐
 3 9 5 1 9 5
```

Aufgabe 5: Wieviel fehlt bis zum nächsten vollen Hunderttausender:

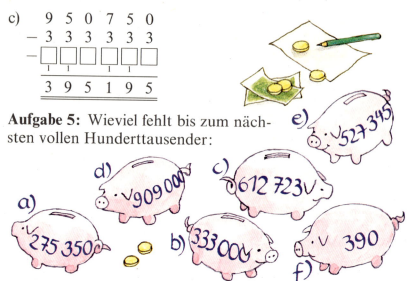

a) 275 350
b) 333 000
c) 612 723
d) 909 000
e) 527 345
f) 390

Aufgabe 6: Familie Meier möchte ein Haus bauen. Sie verfügt mit Darlehen über 400 000 DM. Der Bauplatz soll 85 300 DM kosten, das Fertighaus 220 500 DM. Wieviel Geld bleibt Familie Meier noch für sonstige Ausgaben?

Aufgabe 7: Genauso gut, wie man Subtraktionsaufgaben durch Addition prüfen kann, kann man Additionen durch entsprechende Subtraktionen überprüfen. Berechne und mache anschließend die Probe durch Subtraktion.

a)
```
   206 419
 + 514 407
 +  23 342
```
b)
```
   446 646
 + 245 743
 + 234 300
```
c)
```
   123 490
 + 231 385
 + 529 785
```

Aufgabe 8: Im Bundesland Rheinland-Pfalz gab es 1967 403 871 Schüler an den Grund- und Hauptschulen, 1971 waren es sogar 431 322, 1975 noch 409 695, 1979 bloß 333 746 und 1983 253 920. Berechne die Zunahme zwischen 1967 und 1971 sowie die Abnahme zwischen 1971 und 1975, 1975 und 1979, 1979 und 1983 sowie die Gesamtabnahme zwischen 1971 und 1983.

Schriftliches Multiplizieren

Am einfachsten ist das schriftliche Multiplizieren, wenn man eine Zahl mit einer anderen Zahl multiplizieren soll, die nur eine Stelle hat. Das sieht dann so aus:

$$245 \cdot 4$$
$$\underline{980}$$

Die Rechnung hierzu lautet folgendermaßen: Wie immer beim schriftlichen Rechnen beginnen wir mit den Einern. Einer: $5 \cdot 4 = 20$, schreibe die 0 unter die 4 und behalte 2 im Sinn. Zehner: $4 \cdot 4 = 16$. Zu diesem Ergebnis muß die 2, die noch im Sinn ist, dazugezählt werden: $16 + 2 = 18$. Schreibe die 8 unmittelbar vor die 0 und behalte diesmal 1 im Sinn. Hunderter: $2 \cdot 4 = 8$. Auch hierzu muß wieder die Zahl, die man im Sinn hat, hinzuaddiert werden: $8 + 1 = 9$. Die 9 kommt unmittelbar vor die 8. So findest du als Endergebnis 980.

Faktor · Faktor = Produkt

Nehmen wir noch ein weiteres Beispiel.

$$6135 \cdot 7$$
$$\underline{42945}$$

Die Rechnung verläuft so: Einer: $5 \cdot 7 = 35$, also 5 hinschreiben und 3 im Sinn behalten. Beachte: Die 5 gehört genau unter die 7. Zehner: $3 \cdot 7 = 21$, wozu noch die 3 im Sinn kommt: $21 + 3 = 24$. Also mußt du vor die 5 eine 4 schreiben und dir eine 2 merken. Hunderter: $1 \cdot 7 = 7$ plus die gemerkte 2 gibt 9. Tausender: $6 \cdot 7 = 42$. Da wir am Ende der zu multiplizierenden Zahl angekommen sind, wird die 42 vor die anderen Ergebniszahlen geschrieben.

Multiplikand · Multiplikator = Produkt

Musteraufgaben

Aufgabe 1: Berechne.

a) $340 \cdot 2$ b) $875 \cdot 9$ c) $110 \cdot 9$

d) $983 \cdot 7$ e) $1245 \cdot 4$ f) $3333 \cdot 3$

g) $4448 \cdot 2$ h) $3269 \cdot 3$ i) $775 \cdot 9$

Aufgabe 2: Christian kauft 8 Briefmarken zu 80 Pfennig. Wieviel muß er bezahlen? Laura kauft 6 Briefmarken zu 60 Pfennig. Wieviel macht das?

Aufgabe 3: Eine gewöhnliche Eintrittskarte fürs Kino kostet 9 DM, eine Schülerkarte 7 DM. In der Tabelle siehst du, wie viele Karten an den einzelnen Tagen verkauft wurden. Rechne aus, wieviel Geld das Kino an den jeweiligen Tagen eingenommen hat. Wie hoch waren die Einnahmen in der Woche insgesamt?

	Montag	Dienstag	Mittwoch	Donnerstag	Freitag	Samstag	Sonntag
gewöhnliche Eintrittskarten	17	19	31	16	85	112	94
Schülerkarten	23	22	25	21	28	58	63

Aufgabe 4: Ergänze die fehlenden Zahlen.

a) $39\,\square \cdot 3$
   $\overline{\underline{1188}}$

b) $255 \cdot 8$
   $\overline{\underline{\square\square\square 0}}$

c) $734 \cdot 7$
   $\overline{\underline{5\square\square 8}}$

d) $1290 \cdot 6$
   $\overline{\underline{7\square\square\square}}$

e) $450 \cdot 8$
   $\overline{\underline{\square\square 00}}$

f) $3460 \cdot \square$
   $\overline{\underline{6920}}$

Schriftliches Multiplizieren

Das Multiplizieren mit zwei- oder mehrstelligen Zahlen ist eigentlich nur eine zwei- oder mehrfache Wiederholung der Multiplikation, die wir gerade kennengelernt haben. Wichtig ist nur das richtige Zusammenfügen. Achte auch hier darauf, daß die Zahlen richtig untereinander stehen.

$$541 \cdot 82$$
$$\begin{array}{r} 4328 \\ 1082 \\ \hline 44362 \end{array}$$

Die Rechnung beginnt mit der ersten Ziffer der Zahl, mit der multipliziert werden soll. Hier also mit der 8. Die Multiplikation von 8 mit 541 führst du wie oben aus. Einer: $1 \cdot 8 = 8$, also eine 8 direkt unter die 8. Zehner: $4 \cdot 8 = 32$, also 2 als Ergebnis hinschreiben und die 3 merken. Hunderter: $5 \cdot 8 = 40$, wozu noch die gemerkte 3 kommt: $40 + 3 = 43$. Da wir am Ende der zu multiplizierenden Zahl angekommen sind, wird 43 als Ergebnis aufgeschrieben.
Nun kommt die zweite Stelle des Multiplikators dran. Auch hier rechnen wir wie gehabt. Einer: $1 \cdot 2 = 2$. Diese 2 muß genau unter die 2 der 82 geschrieben werden. Zehner: $4 \cdot 2 = 8$, also eine 8 vor die 2 im Ergebnis. Hunderter: $5 \cdot 2 = 10$. Da wir wieder am Ende angelangt sind, wird die 10 ganz ins Ergebnis übernommen.
Nun müssen noch die beiden Ergebnisse zusammengezählt werden. Wenn du willst, kannst du an die obere Zahl noch eine 0 anfügen. Dann enden beide Zahlen an der gleichen Stelle. Die Addition sieht dann so aus:

$$\begin{array}{r} 43280 \\ + \quad 1082 \\ \hline 44362 \end{array}$$

Betrachten wir noch ein zweites Beispiel.

$$2461 \cdot 369$$

Begonnen wird mit der ersten Stelle des Multiplikators, also mit 3:

$$\underline{2461 \cdot 369}$$
$$7383$$

Die Rechnungen sind: Einer: $1 \cdot 3 = 3$; Zehner: $6 \cdot 3 = 18$, 8 hinschreiben, 1 merken; Hunderter: $4 \cdot 3 = 12$ plus die gemerkte 1 macht 13, also 3 hinschreiben, 1 im Sinn behalten; Tausender: $2 \cdot 3 = 6$ plus die 1 im Sinn macht 7.

Jetzt kommt die zweite Stelle des Multiplikators dran.

$$\underline{2461 \cdot 369}$$
$$7383$$
$$14766$$

Hier lauten die Rechnungen: Einer: $1 \cdot 6 = 6$, also 6 unter die 6 des Multiplikators schreiben. Zehner: $6 \cdot 6 = 36$, 6 hinschreiben, 3 merken. Hunderter: $4 \cdot 6 = 24$ plus die gemerkte 3 macht 27. Also 7 hinschreiben und 2 merken. Tausender: $2 \cdot 6 = 12$ plus die gemerkte 2 macht 14. Weil wir am Ende der zu multiplizierenden Zahl angelangt sind, wird 14 hingeschrieben.

Schriftliches Multiplizieren

Schließlich kommt die dritte und letzte Stelle des Multiplikators an die Reihe:

$$2461 \cdot 369$$

$$
\begin{array}{r}
7383 \\
14766 \\
22149
\end{array}
$$

Die Rechnungen sehen so aus: Einer: $1 \cdot 9 = 9$, 9 hinschreiben. Beachte: Diese 9 muß genau unter der 9 des Multiplikators stehen. Zehner: $6 \cdot 9 = 54$, also 4 hinschreiben und 5 im Sinn behalten. Hunderter: $4 \cdot 9 = 36$ plus die 5 aus dem Sinn macht 41. Also eine 1 hinschreiben und 4 merken. Tausender: $2 \cdot 9 = 18$ plus die gemerkte 4 macht 22. Diese Zahl wird ganz hingeschrieben.

Jetzt müssen wir noch die drei Ergebnisse zusammenzählen. Damit diese alle an derselben Stelle enden, können wir uns an die erste Zahl zwei Nullen angehängt denken, an die zweite eine.

$$
\begin{array}{r}
738\,300 \\
+\ 147\,660 \\
+\ \ \ 22\,149 \\
\hline
\scriptstyle 1\ \ 1\ \ 1\ \ 1 \\
\hline
908\,109
\end{array}
$$

Mit ein bißchen Übung geht's auch ohne Nullen und ohne daß du den Übertrag bei der Addition aufschreibst. Dann sieht unsere schriftliche Multiplikation so aus:

$$2461 \cdot 369$$

$$
\begin{array}{r}
738\,3 \\
147\,66 \\
22\,149 \\
\hline
908\,109
\end{array}
$$

Du siehst: Beim Multiplizieren ist man schnell bei großen Zahlen angelangt.

Aufgabe 5: Berechne.

a) $19 \cdot 23$ b) $107 \cdot 19$ c) $277 \cdot 27$

d) $500 \cdot 20$ e) $98 \cdot 303$ f) $519 \cdot 121$

g) $920 \cdot 30$ h) $145 \cdot 182$ i) $67 \cdot 803$

Aufgabe 6: Familie Meyfarth kauft ein Auto für 29 800 DM. Sie bezahlt 24 Monatsraten zu 600 DM. Wie hoch ist die Restschuld?

Lösungen der Musteraufgaben

Aufgabe 1:   a) $\dfrac{340 \cdot 2}{680}$ Einer: $0 \cdot 2 = 0$, also eine 0 direkt unter die 2; Zehner: $4 \cdot 2 = 8$, also eine 8 ins Ergebnis; Hunderter: $3 \cdot 2 = 6$, also eine 6 ins Ergebnis.

b) $\dfrac{875 \cdot 9}{7875}$ Einer: $5 \cdot 9 = 45$, also 5 hinschreiben und 4 merken; Zehner: $7 \cdot 9 = 63$ plus die gemerkte 4 macht 67, also 7 hinschreiben und eine 6 im Sinn behalten; Hunderter: $8 \cdot 9 = 72$ plus die 6 im Sinn ergibt 78. Da wir am Ende der zu multiplizierenden Zahl angekommen sind, wird 78 zum Ergebnis dazugeschrieben.

c) $\dfrac{110 \cdot 9}{990}$ d) $\dfrac{983 \cdot 7}{6881}$ e) $\dfrac{1245 \cdot 4}{4980}$ f) $\dfrac{3333 \cdot 3}{9999}$

g) $\dfrac{4448 \cdot 2}{8896}$ h) $\dfrac{3269 \cdot 3}{9807}$ i) $\dfrac{775 \cdot 9}{6975}$

Aufgabe 2: Wenn 1 Briefmarke 80 Pfennig kostet, kosten 8 Briefmarken 8 mal 80 Pfennig. Die schriftliche Ausrechnung sieht so aus:

$$\frac{80 \cdot 8}{640}$$

Schriftliches Multiplizieren

Beim Multiplizieren kommt es nicht auf die Reihenfolge der Zahlen an. Deshalb kannst du die größere Zahl immer nach vorne stellen. Das Rechnen wird dann einfacher. Die 8 Briefmarken kosten 640 Pfennig oder 6 DM 40 Pfennig. Genauso rechnest du bei den 60er Marken.

$$\frac{60 \cdot 6}{360}$$

Die Sechzigermarken kosten 360 Pfennig oder 3 DM 60 Pfennig.

Aufgabe 3: Du mußt jeweils die verkaufte Anzahl mit dem Preis malnehmen. Für den Montag sieht die Rechnung so aus:

Gewöhnliche Eintrittskarten:
$$\frac{17 \cdot 9}{153}$$

Schülerkarten:
$$\frac{23 \cdot 7}{161}$$

Um die Gesamteinnahmen am Montag zu ermitteln, mußt du diese beiden Zahlen addieren:

$$\begin{array}{r} 153 \\ + 161 \\ \hline 314 \end{array}$$

Am Montag nahm das Kino 314 DM ein.
Bei den anderen Tagen rechnest du genauso. Die Zahlen, die du findest, stehen in der nachfolgenden Tabelle.

	Diens- tag	Mitt- woch	Donners- tag	Frei- tag	Sams- tag	Sonn- tag
Einnahmen gewöhnliche Eintrittskarten	171	279	144	765	1008	846
Einnahmen Schülerkarten	154	175	147	196	406	441
Einnahmen insgesamt	325	454	291	961	1414	1287

Die Einnahmen für die gesamte Woche erhältst du, wenn du die sieben Tageseinnahmen zusammenzählst.

$$
\begin{array}{r}
314 \\
+ \ \ 325 \\
+ \ \ 454 \\
+ \ \ 291 \\
+ \ \ 961 \\
+ 1414 \\
+ 1287 \\
{\scriptstyle 3\,3\,2} \\
\hline
5046
\end{array}
$$

Die Einnahmen in der ganzen Woche betragen 5046 DM.

Aufgabe 4:

a) Hier mußt du fragen: Welche Zahl ergibt mit 3 malge-
nommen eine Zahl mit einer 8 am Ende? Die ein-
fachste Möglichkeit ist die 6, denn $6 \cdot 3 = 18$. Setzen
wir 6 ein und rechnen aus:

$$
\frac{396 \cdot 3}{1188}
$$

Also kommt eine 6 ins Kästchen.

Schriftliches Multiplizieren

b) Hier mußt du einfach ausrechnen, da ja nur das Ergebnis unvollständig ist:

$$\frac{255 \cdot 8}{2040}$$

c) Die vollständige Rechnung sieht so aus:

$$\frac{734 \cdot 7}{5138}$$

d) Hier mußt du lediglich ausrechnen:

$$\frac{1290 \cdot 6}{7740}$$

e) Die Rechnung sieht hier folgendermaßen aus:

$$\frac{450 \cdot 8}{3600}$$

f) Die richtige Zahl ist 2. Das kann man erraten oder durch Dividieren (siehe nächstes Kapitel) herausfinden.

Aufgabe 5:

a) $19 \cdot 23$
38
57
1
437

b) $107 \cdot 19$
107
963
1
2033

c) $277 \cdot 27$
554
1939
1
7479

d) $500 \cdot 20$
10000

Endet der Multiplikator mit einer 0, so wird dem vorherigen Ergebnis eine 0 am Ende angehängt!

e) 98 · 303
```
   294
    294
  29694
```

Die 0 spielt hier keine Rolle, weil sie nicht am Ende steht. Aber Vorsicht beim Untereinanderschreiben: Die 4 von der zweiten Zahl 294 muß direkt unter der letzten 3 stehen.

f) 519 · 121
```
   519
  1038
   519
  ₁
  62799
```

g) 920 · 30
```
  27600
```

Die letzte 0 kommt von der 0 am Ende der 30!

h) 145 · 182
```
   145
  1160
   290
  ₁
  26390
```

i) 67 · 803
```
   536
   201
  53801
```

> Steht am **Ende** des Multiplikators eine Null, so wird diese dem letzten Ergebnis angehängt.

Aufgabe 6: Zuerst rechnen wir aus, wieviel Familie Meyfarth abbezahlt hat. Wenn sie im Monat 600 DM zahlt, hat sie in 24 Monaten 24 mal 600 DM abbezahlt.

```
  600 · 24
  1200
  2400
  14400
```

Schriftliches Multiplizieren

Dieser Betrag ist von der Gesamtschuld abzuziehen.

$$29\,800$$
$$-\,14\,400$$
$$\overline{15\,400}$$

Die Restschuld beträgt noch 15 400 DM.
Du hättest die Multiplikation auch so schreiben können:

$$24 \cdot 600$$
$$\overline{14\,400}$$

Weil die Zahl, mit der hier multipliziert wird, zwei Nullen am Ende hat, mußt du im Ergebnis zwei Nullen anhängen.

Aufgaben zum selbständigen Lösen

Aufgabe 1: Berechne.

a) $312 \cdot 99$ b) $700 \cdot 300$ c) $58 \cdot 65$

d) $690 \cdot 75$ e) $245 \cdot 113$ f) $79 \cdot 790$

g) $790 \cdot 79$ h) $12517 \cdot 9$ i) $446 \cdot 87$

Aufgabe 2: Bei einem Handballspiel gibt es drei Sorten von Eintrittskarten: Einfache Stehplätze kosten 12 DM, Stehplätze im vorderen Teil 16 DM und Sitzplätze auf der Tribüne 24 DM. Schüler, Studenten und Arbeitslose bezahlen jeweils die Hälfte. Die untenstehende Tabelle gibt an, wieviel Karten jeweils verkauft wurden. Berechne die Einnahmen einzeln sowie die Gesamteinnahmen.

	gewöhnliche Karten	ermäßigte Karten
einfache Stehplätze	4622	1228
bessere Stehplätze	2189	311
Tribüne	571	129

Aufgabe 3: Andreas kauft 12 Briefmarken zu 50 Pfennig, 16 zu 60 Pfennig und 25 zu 80 Pfennig. Wieviel muß er insgesamt bezahlen?

Aufgabe 4: Die Klasse 4 der Schiller-Grundschule macht eine dreitägige Klassenfahrt. Pro Tag sind 26 DM zu bezahlen. Die Klasse hat 32 Schüler. Wieviel kostet die Fahrt insgesamt?

Aufgabe 5: Eine Dose Katzenfutter kostet 85 Pfennig, eine Tafel Schokolade 79 Pfennig. Marie soll 24 Dosen Katzenfutter und 12 Tafeln Schokolade kaufen. Wie hoch ist die Rechnung?

Aufgabe 6: Ein Zahlenkreuzrätsel. Trage die Ergebnisse der Rechnungen in das Kreuzrätsel an den entsprechenden Stellen ein. Die Stellen, an denen Zahlen waagrecht eingetragen werden sollen, sind mit einer kleinen Zahl markiert, diejenigen, an denen Zahlen senkrecht eingetragen werden sollen, tragen einen Kleinbuchstaben.

Schriftliches Multiplizieren

Waagrecht:
1) 323 · 452
2) 50 · 101
3) 277 · 3
4) 721 · 69
5) 90 · 4
6) 66 667 · 9
7) 559 · 6
8) 6 · 6
9) 3 · 13
10) 9 · 9

Senkrecht:
a) 54 · 27
b) 901 · 605
c) 33 · 30
d) 853 · 751
e) 915 · 984
f) 5 · 6

Die Zahlen in den eingekreisten Feldern geben in der Reihenfolge ihrer Numerierung das Todesdatum des deutschen Rechenmeisters Adam Riese an.

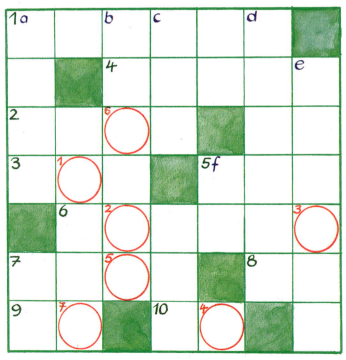

Aufgabe 7: 1000 italienische Lira sind ungefähr 140 Pfennige wert. Wieviel muß man für 100000 Lira (60000 Lira, 40000 Lira) in Deutschland bezahlen?

Aufgabe 8: Ergänze die Schneeflocke. Dazu mußt du die Ergebnisse der Multiplikationen an den vorgesehenen Stellen eintragen.

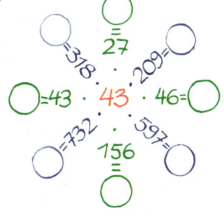

Aufgabe 9: Eine Kabinenbahn befördert pro Fahrt 46 Personen. Sie macht täglich 16 Fahrten.
a) Wieviel Personen werden am Tag, in der Woche befördert?
b) Am Montag fuhr die Bahn dreimal ohne Passagiere, zweimal waren nur 17 Personen in der Kabine. Ansonsten war sie aber vollbesetzt. Wieviel Personen wurden am Montag transportiert?

Aufgabe 10: a) Frau Nieder verdient 18 DM die Stunde. Sie arbeitet 40 Stunden in der Woche. Wieviel verdient sie in der Woche? b) Frau Nieders durchschnittliche Arbeitszeit im Monat beträgt 169 Stunden. Wie hoch ist ihr durchschnittlicher Monatsverdienst? c) Herr Schwarz bekommt 31 DM die Stunde. Er arbeitet 37 Stunden in der Woche und durchschnittlich 160 Stunden im Monat. Ermittle seinen Verdienst in der Woche und im Monat.

Schriftliches Dividieren

Auch hier beschäftigen wir uns zuerst mit dem Fall, daß die Zahl, durch die geteilt wird, nur eine Stelle besitzt.

$$5382 : 6$$

Das schriftliche Dividieren bildet die große Ausnahme: Hier mußt du am Anfang der zu teilenden Zahl beginnen. Die erste Ziffer, die 5, ist nicht durch 6 teilbar. Also nimmt man die ersten beiden Ziffern, die 53. Nun mußt du fragen, wie oft 6 in 53 hineinpaßt. Die Antwort lautet: achtmal, denn $8 \cdot 6 = 48$. Die 48 schreibst du genau unter die 53 und subtrahierst. Die 8 ist die erste Stelle des Ergebnisses.

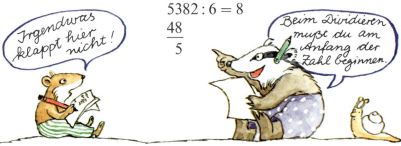

$$
\begin{array}{l}
5382 : 6 = 8 \\
\underline{48} \\
5
\end{array}
$$

Hinter die Zahl, die sich als Ergebnis bei der Subtraktion ergibt, schreibst du die nächste Ziffer aus der zu teilenden Zahl, denn (siehe oben) 5 ist nicht durch 6 teilbar.

$$
\begin{array}{l}
5382 : 6 = 8 \\
\underline{48} \\
58
\end{array}
$$

Nun fragst du wieder: Wie oft paßt 6 in 58? Antwort: $9 \cdot 6 = 54$. Also mußt du 54 von 58 abziehen; die zweite Stelle des Ergebnisses ist die 9.

$$
\begin{array}{l}
5382 : 6 = 89 \\
\underline{48} \\
58 \\
\underline{54} \\
4
\end{array}
$$

Nun mußt du die nächste Ziffer aus der zu teilenden Zahl nach unten holen. So bekommst du 42.

$$5382 : 6 = 89$$
$$\underline{48}$$
$$58$$
$$\underline{54}$$
$$42$$

Wie oft paßt die 6 in 42? Diesmal geht die Division auf, denn $7 \cdot 6 = 42$. Die 7 kommt als dritte Ziffer ins Ergebnis. Weil nun alle Ziffern des Dividenden verbraucht sind, ist die Aufgabe fertig.

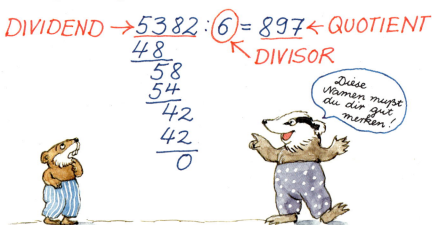

Probieren wir gleich einmal, ob wir richtig gerechnet haben.

$$897 \cdot 6$$
$$\overline{5382}$$

Die Multiplikation ergibt also die gewünschte Zahl.

 Dividend : Divisor = Quotient

Schriftliches Dividieren

800 289 : 3

Hier läßt sich schon die erste Ziffer der zu teilenden Zahl, die 8, durch 3 teilen. In 8 paßt 3 zweimal hinein. Also ist die erste Ziffer des Ergebnisses eine 2.

$$
\begin{array}{l}
800\,289 : 3 = 2 \\
\underline{6} \\
2
\end{array}
$$

Jetzt kommt die zweite Ziffer des Dividenden nach unten.

$$
\begin{array}{l}
800\,289 : 3 = 2 \\
\underline{6}\,| \\
20
\end{array}
$$

In 20 paßt 3 sechsmal, denn $6 \cdot 3 = 18$. Also ist die zweite Ziffer des Ergebnisses eine 6. Von 20 wird 18 abgezogen.

$$
\begin{array}{l}
800\,289 : 3 = 26 \\
\underline{6} \\
20 \\
\underline{18} \\
2
\end{array}
$$

Die nächste Ziffer, jetzt ist es die dritte, kommt nach unten.

$$
\begin{array}{l}
800\,289 : 3 = 26 \\
\underline{6}\ \ | \\
20\ \ | \\
\underline{18}\,| \\
20
\end{array}
$$

Das ist wieder eine 0. Also müssen wir erneut fragen: Wie oft paßt 3 in 20? Antwort: sechsmal. Also ist die dritte Ziffer des Ergebnisses wieder eine 6.

$$800\,289 : 3 = 266$$
$$\underline{6}$$
$$\underline{20}$$
$$\underline{18}$$
$$\underline{20}$$
$$\underline{18}$$
$$2$$

Jetzt gibt es wieder ein bißchen Abwechslung: Die nächste Ziffer, die nach unten kommt, ist nämlich eine 2.

$$800\,289 : 3 = 266$$
$$\underline{6}$$
$$\underline{20}$$
$$\underline{18}$$
$$\underline{20}$$
$$\underline{18}$$
$$22$$

3 paßt siebenmal in 22. Die nächste Stelle des Ergebnisses ist eine 7, und von 22 mußt du 21 abziehen.

$$800\,289 : 3 = 266\,7$$
$$\underline{6}$$
$$\underline{20}$$
$$\underline{18}$$
$$\underline{20}$$
$$\underline{18}$$
$$22$$
$$\underline{21}$$
$$1$$

Da oben geht es weiter!

Schriftliches Dividieren

Jetzt kommt eine 8 nach unten.

$$800\,289 : 3 = 2667$$

```
800289 : 3 = 2667
6
─
20
18
──
 20
 18
 ──
  22
  21
  ──
   18
```

Jetzt geht die Rechnung sogar glatt auf, denn $18 = 6 \cdot 3$. Also lautet die nächste, inzwischen die fünfte Ziffer des Ergebnisses 6.

```
800289 : 3 = 26676
6
─
20
18
──
 20
 18
 ──
  22
  21
  ──
   18
   18
   ──
    0
```

Doch Vorsicht: Obwohl die Division aufgeht, sind wir noch nicht fertig. Vom Dividenden ist ja noch eine Ziffer, die 9, übrig. Die kommt jetzt nach unten.

$$800\,289 : 3 = 26\,676$$

```
800 289 : 3 = 26 676
6
―
20
18
――
 20
 18
 ――
  22
  21
  ――
   18
   18
   ――
    09
```

Frage: Wie oft geht 3 in 9? Antwort: dreimal. Also ist die letzte Ziffer des Ergebnisses eine 3. Jetzt sind wir wirklich fertig, denn alle Ziffern des Dividenden sind aufgebraucht. Die Division geht auch auf, denn die letzte Subtraktion liefert eine 0 als Ergebnis.

Ergibt sich bei der letzten Subtraktion nicht 0, sondern eine andere Zahl, so geht die Division nicht auf und es bleibt ein Rest. Dieser Fall soll uns hier nicht weiter interessieren.

$$800\,289 : 3 = \underline{\underline{266\,763}}$$

```
800 289 : 3 = 266 763
6
―
20
18
――
 20
 18
 ――
  22
  21
  ――
   18
   18
   ――
    09
     9
    ――
     0
```

Probe:

266 763 . 3
―――――――――
800 289

Die Probe bestätigt unsere Rechnung!

Schriftliches Dividieren

Musteraufgaben

Aufgabe 1: Berechne.

a) 1785 : 7   b) 3140 : 5   c) 3140 : 10

d) 4104 : 9   e) 336 : 6   f) 181258 : 7

g) 637428 : 4   h) 334104 : 8   i) 982354 : 2

Aufgabe 2: Ein achtbändiges Lexikon kostet insgesamt 1560 DM. Wieviel kostet ein einzelner Band?

Aufgabe 3: Eine Textzeile enthält durchschnittlich 8 Wörter. Auf einer Seite finden sich 632 Wörter. Wieviel Textzeilen ergibt das?

Aufgabe 4: Ergänze die fehlenden Zahlen.

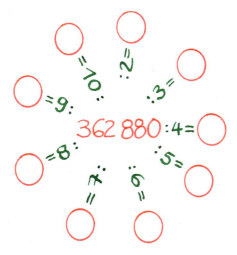

Schriftliches Dividieren durch zweistellige Zahlen ist schon etwas schwieriger. Das Prinzip ist allerdings dasselbe. Betrachten wir ein einfaches Beispiel.

$$182 : 13$$

Wieder müssen wir vorne anfangen. Weil die Zahl, durch die geteilt werden soll, zwei Ziffern hat, müssen wir bei der zu teilenden Zahl auch mindestens zwei Ziffern nehmen. Die Frage lautet dann: Wie oft geht 13 in 18? Die Antwort 1 ist die erste Stelle des Ergebnisses.

$$
\begin{array}{l}
182 : 13 = 1 \\
\underline{13} \\
5
\end{array}
$$

Die 13 wird von 18 abgezogen, was den Rest 5 ergibt. Jetzt wird die nächste Ziffer nach unten geholt.

$$
\begin{array}{l}
182 : 13 = 1 \\
\underline{13} \\
52
\end{array}
$$

Jetzt mußt du überlegen: Wie oft paßt 13 in 52? Genau viermal. Also ist die nächste Stelle des Ergebnisses eine 4. Von 52 wird 52 abgezogen, was 0 ergibt. Da wir alle Stellen der zu teilenden Zahl verbraucht haben, sind wir fertig.

$$
\begin{array}{l}
182 : 13 = 14 \\
\underline{13} \\
52 \\
\underline{52} \\
0
\end{array}
$$

Probe:
14 · 13
14
42
182

Also haben wir richtig gerechnet!

Schriftliches Dividieren

Die Schwierigkeit besteht bei dieser Aufgabe vor allem darin, daß man das große Einmaleins beherrschen muß.
Es kann aber noch schlimmer kommen, wie das folgende Beispiel zeigt.

$$918 : 34$$

Auch hier brauchen wir im ersten Schritt schon die beiden ersten Ziffern des Dividenden. Wir fragen: Wie oft paßt 34 in 91? Die Antwort findest du durch Probieren, verbunden mit einem gewissen Gefühl für Zahlen und ihre Größen. Es ist $34 \cdot 2 = 68$ und $34 \cdot 3 = 102$. Also lautet die Antwort: zweimal.

$$918 : 34 = 2$$
$$68$$
$$\overline{23}$$

Im nächsten Schritt kommt die 8 nach unten. Die Frage lautet dann: Wie oft paßt 34 in 238?

$$918 : 34 = 2$$
$$68$$
$$\overline{238}$$

Machen wir zuerst eine grobe Schätzung: $30 \cdot 7 = 210$, was noch deutlich unter 238 liegt, während $30 \cdot 8 = 240$ darüber ist. Deshalb kommt $34 \cdot 8$ sicher nicht mehr in Betracht. Versuchen wir es mit $34 \cdot 7$. Das kannst du schriftlich ausrechnen:

$$34 \cdot 7$$
$$\overline{238}$$

Also paßt 34 genau siebenmal in 238. Die nächste Ziffer des Ergebnisses ist somit eine 7.

$$918 : 34 = 27$$
$$68$$
$$\underline{}$$
$$238$$
$$\underline{238}$$
$$0$$

Da nach der Subtraktion 0 übrigbleibt und alle Ziffern der zu dividierenden Zahl verbraucht sind, sind wir fertig.

Bei zweistelligen und erst recht bei dreistelligen Zahlen läßt sich die Frage „Wie oft paßt diese Zahl in eine andere?" oft nicht ohne weiteres beantworten. Man muß zuerst schätzen und dann notfalls schriftlich multiplizieren.

Aufgabe 5: Berechne.

a) 307 620 : 12   b) 632 926 : 14
c) 547 875 : 15   d) 472 390 : 10
e) 289 180 : 20   f) 504 867 : 11

Aufgabe 6: Das Autohaus Rheinallee bestellt beim Hersteller 18 Autos. Diese kosten zusammen 653 220 DM. Wieviel kostet ein Auto? 14 Autos eines anderen Typs kosten zusammen 402 570 DM. Wieviel kostet ein Auto dieses Typs?

Aufgabe 7: Berechne.

a) 6384 : 112   b) 733 490 : 205
c) 285 750 : 450   d) 998 900 : 100
e) 151 550 : 866   f) 449 152 : 88

Aufgabe 8: Ein Museum verzeichnete in einem Jahr 943 525 Besucher. Wieviel Besucher waren das durchschnittlich pro Tag?

Schriftliches Dividieren

Aufgabe 1: a) $1785 : 7 = 255$
$$\underline{14}$$
$$38$$
$$\underline{35}$$
$$35$$
$$\underline{35}$$
$$0$$

b) $3140 : 5 = 628$
$$\underline{30}$$
$$14$$
$$\underline{10}$$
$$40$$
$$\underline{40}$$
$$0$$

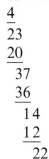

Eine Zahl, die auf 0 endet, wird durch 10 geteilt, indem man die Endnull wegstreicht.

c) $3140 : 10 = 314$

d) $4104 : 9 = 456$
$$\underline{36}$$
$$50$$
$$\underline{45}$$
$$54$$
$$\underline{54}$$
$$0$$

e) $336 : 6 = 56$
$$\underline{30}$$
$$36$$
$$\underline{36}$$
$$0$$

f) $181258 : 7 = 25894$
$$\underline{14}$$
$$41$$
$$\underline{35}$$
$$62$$
$$\underline{56}$$
$$65$$
$$\underline{63}$$
$$28$$
$$\underline{28}$$
$$0$$

g) $637428 : 4 = 159357$
$$\underline{4}$$
$$23$$
$$\underline{20}$$
$$37$$
$$\underline{36}$$
$$14$$
$$\underline{12}$$
$$22$$
$$\underline{20}$$
$$28$$
$$\underline{28}$$
$$0$$

ACHTUNG! Hier sind die Lösungen zu den Musteraufgaben.

h) 334 104 : 8 = 41 763
  32
  ‾‾
  14
   8
   ‾
   61
   56
   ‾‾
    50
    48
    ‾‾
    24
    24
    ‾‾
     0

i) 982 354 : 2 = 491 177
   8
   ‾
   18
   18
   ‾‾
    02
     2
     ‾
    03
     2
     ‾
    15
    14
    ‾‾
     14
     14
     ‾‾
      0

Aufgabe 2: Den Preis eines Buches erhältst du, wenn du den Gesamtpreis durch die Anzahl der Bände dividierst.

1560 : 8 = 195   Ein Band kostet 195 DM.
 8
 ‾
 76
 72
 ‾‾
 40
 40
 ‾‾
  0

Aufgabe 3: Auch hier mußt du die Gesamtanzahl durch die Anzahl der Wörter pro Zeile teilen.

632 : 8 = 79   Es sind 79 Zeilen auf der Seite.
 56
 ‾‾
 72
 72
 ‾‾
  0

Schriftliches Dividieren

Aufgabe 4:

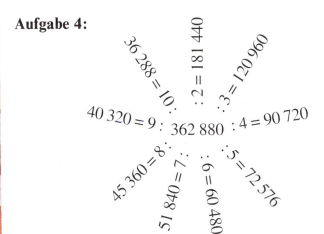

$$36\,288 = 10 : \quad : 2 = 181\,440$$
$$: 3 = 120\,960$$
$$40\,320 = 9 : \quad 362\,880 \quad : 4 = 90\,720$$
$$45\,360 = 8 : \quad : 5 = 72\,576$$
$$51\,840 = 7 : \quad : 6 = 60\,480$$

Je größer die Zahl, durch die geteilt wird, desto kleiner das Ergebnis.

Aufgabe 5:

a) $307\,620 : 12 = 25\,635$
   24
     67
     60
      76
      72
       42
       36
        60
        60
         0

b) $632\,926 : 14 = 45\,209$
   56
     72
     70
      29
      28
      126
      126
        0

Bei dieser Rechnung ist etwas Besonderes geschehen, und zwar im vorletzten Schritt. Da hieß die Frage: Wie oft paßt 14 in 12? Die Antwort heißt natürlich: gar nicht oder auch nullmal. Dann schreibst du im Ergebnis eine 0 an und nimmst die nächste Stelle nach unten.

c) $547875 : 15 = 36525$

45

97

90

78

75

37

30

75

75

0

d) $472390 : 10 = 47239$

Das ist einfach.
Du mußt nur
die letzte 0
streichen!

e) $289180 : 20 = 14459$

20

89

80

91

80

118

100

180

180

0

f) $504867 : 11 = 45897$

44

64

55

98

88

106

99

77

77

0

Aufgabe 6: Der Gesamtpreis ist durch die Anzahl der bestellten Autos zu teilen.

Die letzte 0 muß noch angehängt werden, weil im Dividenden noch eine 0 am Ende übrig ist.

$653220 : 18 = 36290$

54

113

108

52

36

162

162

0

Schriftliches Dividieren

Ein Auto vom ersten Typ kostet 36 290 DM.
Für den anderen Typ sieht die Rechnung so aus:

$$402\,570 : 14 = 28\,755$$

```
28
‾‾
122
112
‾‾‾
 105
  98
  ‾‾
   77
   70
   ‾‾
    70
    70
    ‾‾
     0
```

Ein Auto vom zweiten Typ kostet 28 755 DM.

Aufgabe 7:

a) $6384 : 112 = 57$

```
560
‾‾‾
784
784
‾‾‾
  0
```

Hier kannst du zum Abschätzen 110 verwenden:
$5 \cdot 110 = 550$ und
$7 \cdot 110 = 770$.

b) $733\,490 : 205 = 3578$

```
615
‾‾‾
1184
1025
‾‾‾‾
1599
1435
‾‾‾‾
1640
1640
‾‾‾‾
   0
```

Hier bietet sich 200 zum Überschlagen an.

Ich überschlag' mich auch gleich!

c) $285\,750 : 450 = 635$
$\quad\;\underline{27\,00}$
$\quad\;\;\;15\,75$
$\quad\;\;\;\underline{13\,50}$
$\quad\;\;\;\;\;2\,250$
$\quad\;\;\;\;\;\underline{2\,250}$
$\quad\;\;\;\;\;\;\;\;\;0$

Hier ist das Abschätzen nicht ganz einfach. Am besten ist es, du rechnest wirklich mit 450.

d) $998\,900 : 100 = 9989$ Das ist ganz einfach: Eine Zahl, die mit zwei Nullen endet, wird durch 100 geteilt, indem du diese beiden Nullen wegstreichst.

e) $151\,550 : 866 = 175$
$\quad\;\underline{866}$
$\quad\;\;6495$
$\quad\;\;\underline{6062}$
$\quad\;\;\;\;4330$
$\quad\;\;\;\;\underline{4330}$
$\quad\;\;\;\;\;\;\;\;0$

Zum Abschätzen kannst du 900 nehmen.

f) $449\,152 : 88 = 5104$
$\quad\;\underline{440}$
$\quad\;\;\;91$
$\quad\;\;\;\underline{88}$
$\quad\;\;\;\;\;352$
$\quad\;\;\;\;\;\underline{352}$
$\quad\;\;\;\;\;\;\;0$

Zum Abschätzen nimmst du 90. Beachte, daß auch hier (wie in Aufgabe 5b) eine 0 im Ergebnis auftritt.

Aufgabe 8: Die gesuchte Besucherzahl findest du, indem du die Gesamtbesucherzahl durch die Anzahl der Tage in einem Jahr teilst. Wir unterstellen, daß es sich nicht um ein Schaltjahr gehandelt hat, und teilen deshalb durch 365.

Schriftliches Dividieren

943525 : 365 = 2585
730
─────
2135
1825
─────
3102
2920
─────
1825
1825
─────
0

Im Durchschnitt waren täglich 2585 Besucher im Museum.

Aufgaben zum selbständigen Lösen

Aufgabe 1: Berechne und mache die Probe durch Multiplizieren.

a) 4014 : 9

b) 6181 : 7

c) 4260 : 6

d) 16750 : 5

e) 740 : 4

f) 2359 : 7

g) 188552 : 8

h) 77442 : 3

i) 52360 : 5

j) 975686 : 2

k) 596652 : 7

Aufgabe 2:

a) Welche Zahl ergibt mit 2 multipliziert 18350?

b) Welche Zahl ergibt mit 9 multipliziert   5868?

c) Welche Zahl ergibt mit 10 multipliziert 100000?

d) Welche Zahl ergibt mit 7 multipliziert 41076?

Aufgabe 3: Vervollständige die Schneeflocke.

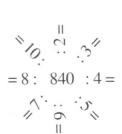

= 8 :   840   : 4 =

Schriftliches Dividieren

Aufgabe 4: Familie Häusle kauft sich ein Eigenheim. Dieses kostet 468000 DM. Sie zahlt jährlich 18000 DM ab. Wieviel Jahre müssen die Häusles abzahlen?

Aufgabe 5: Berechne und mache die Probe durch Multiplizieren.

a) 1177 : 11   b) 34595 : 17   c) 163458 : 18
d) 26416 : 13   e) 21800 : 20   f) 980710 : 10
g) 73799 : 11   h) 86800 : 14   i) 15510 : 15
j) 36084 : 12   k) 21690 : 18

Aufgabe 6: Herr Nievergelt war 12 Tage lang auf Dienstreise. Dabei hat er 8940 Kilometer zurückgelegt. Wieviel Kilometer ist er im Durchschnitt pro Tag gefahren?

Aufgabe 7: Berechne und mache die Probe durch Multiplikation.

a) 81786 : 317   b) 337050 : 450
c) 333540 : 510   d) 457297 : 821
e) 99000 : 1000   f) 128700 : 100
g) 44200 : 425   h) 83916 : 2997

Aufgabe 8: Im Juni hatten die Lux-Lichtspiele Einnahmen von 24300 DM. Welchen Betrag ergibt das durchschnittlich pro Tag? Im Juli waren es dann 24645 DM, im Februar 23100 DM. In welchem Monat lagen die durchschnittlichen Tageseinnahmen am höchsten?

Denk daran, daß die Monate nicht alle gleich lang sind.

Vermischte Aufgaben

Aufgabe 1: Berechne und mache die Probe.

a) $16184 : 17$

b) $161840 : 17$

c) $372 \cdot 289$

d) $4555 \cdot 21$

e) $4555 \cdot 210$

f) $59668 : 7$

g)
$$\begin{array}{r} 353289 \\ -\ 260000 \\ -\ \ \ \ 9389 \end{array}$$

h)
$$\begin{array}{r} 253580 \\ +\ 475320 \\ +\ \ \ 21819 \end{array}$$

i)
$$\begin{array}{r} 980500 \\ -\ 490200 \\ -\ 490300 \end{array}$$

Aufgabe 2:
a) Das 15fache einer Zahl ist 600. Wie lautet die Zahl?
b) Der vierte Teil einer Zahl ist 275. Wie lautet die Zahl?
c) Das 12fache einer Zahl ist 6000. Wie lautet die Zahl?
d) Ein Dorf hat 6840 Einwohner. Ein Drittel der Einwohner ist älter als 65 Jahre, ein Viertel jünger als 18 Jahre. Wieviel Einwohner macht das jeweils?

Aufgabe 3:
a) Ein Haus kostet 255000 DM. Dazu kommen noch 75000 DM für das Grundstück. Wie hoch ist der Gesamtpreis?
b) Familie Steinreich besitzt 150000 DM, die sie gleich auf den Kaufpreis anzahlt. Wie hoch ist die verbleibende Schuld?
c) Den verbleibenden Rest der Schulden möchte die Familie in 120 Monatsraten abzahlen. Wie hoch ist der monatlich zu bezahlende Betrag?

Aufgabe 4: Das Herz eines Erwachsenen schlägt 65mal in der Minute.

a) Wie oft schlägt es in einer Stunde?
b) Wie oft schlägt es an einem Tag?
c) Wie oft schlägt es in fünf Tagen?

Lösungen

Schriftliches Addieren bis 1000

Aufgabe 1: a) 682   b) 493   c) 924   d) 989
e) 999   f) 939

Aufgabe 2: Beim ersten Quadrat lautet die Summe immer 66, beim zweiten 58.

Aufgabe 3: a) 998   b) 749   c) 802

Aufgabe 4: Er muß 541 DM zahlen.

Aufgabe 5: Die fehlenden Zahlen sind fett gedruckt.

45	4	53	12	61	20	69	28	**77**
76	44	3	**52**	11	60	19	68	36
35	75	43	2	51	10	59	27	67
66	34	74	42	1	**50**	18	58	26
25	**65**	33	73	**41**	9	49	**17**	57
56	24	64	32	81	**40**	8	48	16
15	55	**23**	**72**	**31**	80	39	7	47
46	14	63	22	71	30	79	38	6
5	54	**13**	62	21	70	**29**	**78**	37

Aufgabe 6: Die gesuchten Entfernungen sind:
a) Vom Kino zum Fahrradhändler: 11 + 3 = 14 Minuten.
b) Vom Hotel zur Schule: 11 + 12 + 8 = 31 Minuten.
c) Von der Bushaltestelle bis zur Bücherhalle:
    5 + 9 + 7 = 21 Minuten.
d) Von der Apotheke zum Schreibwarengeschäft:
    5 + 3 + 3 + 11 + 12 + 8 + 10 = 52 Minuten.

Lösungen

Der längste Weg, den du gehen kannst, führt von der Bücherhalle zum Schreibwarenhändler – oder auch umgekehrt – und ist 68 Minuten lang.

Schriftliches Addieren bis 1 Million

Aufgabe 1: a) 911 963 b) 682 900 c) 944 443
d) 596 963

Aufgabe 2: Summen waagrecht: 817 215 (obere Zeile), 919 914 (untere Zeile); Summen senkrecht: 920 431 (erste Spalte), 297 853 (mittlere Spalte), 518 845 (letzte Spalte).

Aufgabe 3: Benzin: 46 240, Super: 49 645, Super bleifrei: 32 135, Diesel: 20 395. Die Tagessummen lauten: Montag: 17 715, Dienstag: 18 730, Mittwoch: 19 195, Donnerstag: 16 925, Freitag: 37 010, Samstag: 28 580, Sonntag: 10 260. Die Gesamtsumme beläuft sich auf 148 415. Alle Angaben sind in Liter.
Hier hast du eine einfache Möglichkeit, dein Ergebnis zu prüfen. Die Gesamtsumme läßt sich nämlich auf zwei Weisen ausrechnen: Einmal zählst du alle Tagessummen zusammen, zum andern die wöchentlichen Summen von Benzin, Super, Super bleifrei und Diesel. Herauskommen muß natürlich beidesmal dasselbe.

Aufgabe 4: a)   232 957   375 500
            + 455 999   + 45 788
            ‾‾‾¹‾¹¹‾   ‾‾‾¹‾¹¹‾
              688 956   421 288
            ‾‾‾‾‾‾‾‾‾   ‾‾‾‾‾‾‾‾‾

Schriftliches Subtrahieren bis 1000

Aufgabe 1: a) 208   b) 747   c) 157   d) 378
e) 186   f) 20   g) 144

Lösungen

Aufgabe 2: Die Kontostände lauten 560 DM, 330 DM und schließlich 230 DM. Die Subtraktion sieht so aus:

$$
\begin{array}{r}
670 \\
-110 \\
-230 \\
-100 \\
\hline
230 \\
\end{array}
$$

Aufgabe 3: Vollständig sehen die Rechnungen so aus:

a)	945	b)	225	c)	533
	− 655		− 78		− 399
	₁		₁ ₁		₁ ₁
	290		147		134

a)
$$
\begin{array}{r}
945 \\
-655 \\
\hline
290 \\
\end{array}
$$

b)
$$
\begin{array}{r}
225 \\
-78 \\
\hline
147 \\
\end{array}
$$

c)
$$
\begin{array}{r}
533 \\
-399 \\
\hline
134 \\
\end{array}
$$

Aufgabe 4:

a)

Montag	170
Dienstag	95
Mittwoch	120
Donnerstag	5
Freitag	625
Samstag	820
Sonntag	151

b) Er hat insgesamt 5653 Liter Normalbenzin und 3667 Liter Diesel verkauft.

c) Der Unterschied beträgt 1986 Liter.

Aufgabe 5: Lisa findet folgende Ergebnisse:

a) 403 und 153. Die nächste Subtraktion ergibt 250, also genau das Doppelte von 125.

b) 245 und 55, voneinander abgezogen ergibt das 190, also das Doppelte von 95.

c) 350 minus 50 ergibt 300, also das Doppelte von 150.

Lösungen

Aufgabe 6: a) Hamburg — München
über Berlin 878 Kilometer
über Köln 1 048 Kilometer

b) Der Unterschied beträgt 170 Kilometer.

c) Berlin — München
direkt 589 Kilometer
über Leipzig 604 Kilometer

d) Berlin — Köln — Frankfurt — Stuttgart
975 Kilometer
Berlin — München — Stuttgart
809 Kilometer

Aufgabe 7: Hier gibt es zwei Möglichkeiten, das gewünschte Ergebnis zu finden. Entweder du überlegst so: 49 Leute wurden eingestellt, 27 gingen weg. Also sind tatsächlich nur 22 dazugekommen. Am Ende des Jahres sind somit $322 + 22 = 344$ Beschäftigte vorhanden. Du kannst auch so überlegen: Zuerst werden alle weggegangenen Personen abgezogen. Das ergibt die Rechnung: $322 - 27 = 295$. Dann werden alle Hinzugekommenen dazu addiert: $295 + 49 = 344$. Das Ergebnis ist natürlich beidesmal dasselbe.

Schriftliches Subtrahieren bis 1 Million

Aufgabe 1: a) 60 328   b) 94 895   c) 24 224
d) 91 416

Aufgabe 2: Es sind 80 000 Einwohner aus Frankfurt am Main weggezogen. Im Falle von Hannover sind 56 000 Einwohner hinzugekommen. Beachte, daß du hier $514 000 - 458 000$ rechnen mußt.

Aufgabe 3: a) Die fehlende Zahl heißt 274 250. Diese Zahl findest du durch folgende Rechnung:

$$
\begin{array}{r}
900\,000 \\
-\ 250\,000 \\
-\ 375\,750
\end{array}
$$

Die anderen fehlenden Zahlen ermittelst du genauso.
b) 400 000   c) 166 345   d) 250.

Aufgabe 4: Vollständig sehen die Rechnungen so aus:

a)
$$
\begin{array}{r}
650\,700 \\
-\ 280\,350 \\
\scriptstyle 1\quad 1 \\
\hline
370\,350
\end{array}
$$

b)
$$
\begin{array}{r}
800\,250 \\
-\ 550\,000 \\
-\ 105\,000 \\
\scriptstyle 1\ 1 \\
\hline
145\,250
\end{array}
$$

c)
$$
\begin{array}{r}
950\,750 \\
-\ 333\,333 \\
-\ 222\,222 \\
\scriptstyle 1\ 1\quad 1\ 1 \\
\hline
395\,195
\end{array}
$$

Aufgabe 5: a) 24 650   b) 67 000   c) 87 277
d) 91 000   e) 72 655   f) 99 610

Aufgabe 6: Es bleiben Familie Meier noch 94 200 DM.

Aufgabe 7: a) Das Ergebnis lautet 744 168. Die Probe durch Subtraktion sieht so aus:

$$
\begin{array}{r}
744\,168 \\
-\ 23\,342 \\
-\ 514\,407 \\
\scriptstyle 1\ 1\quad 1 \\
\hline
206\,419
\end{array}
$$

b) Ergebnis: 926 689   Probe:
$$
\begin{array}{r}
926\,689 \\
-\ 234\,300 \\
-\ 245\,743 \\
\scriptstyle 1\ 1\ 1 \\
\hline
446\,646
\end{array}
$$

c) Ergebnis: 884 660   Probe:
$$
\begin{array}{r}
884\,660 \\
-\ 529\,785 \\
-\ 231\,385 \\
\scriptstyle 1\ 1\ 2\ 1 \\
\hline
123\,490
\end{array}
$$

Lösungen

Aufgabe 8:

Zunahme	1967 – 1971	27 451
Abnahme	1971 – 1975	21 627
Abnahme	1975 – 1979	75 949
Abnahme	1979 – 1983	79 826
Gesamtabnahme	1971 – 1983	177 402

Schriftliches Multiplizieren

Aufgabe 1: a) 30 888 b) 210 000 c) 3770
d) 51 750 e) 27 685 f) 62 410 g) 62 410
h) 112 653 i) 38 802

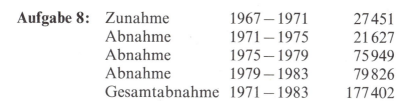

Beim Multiplizieren darf man die Reihenfolge der Zahlen vertauschen.

Aufgabe 2: Die Einnahmen belaufen sich auf:

einfache Stehplätze gewöhnliche Karten	55 464 DM
einfache Stehplätze ermäßigte Karten	7 368 DM
bessere Stehplätze gewöhnliche Karten	35 024 DM
bessere Stehplätze ermäßigte Karten	2 488 DM
Tribüne gewöhnliche Karten	13 704 DM
Tribüne ermäßigte Karten	1 548 DM
Gesamteinnahmen	115 596 DM

Aufgabe 3: Er muß 3560 Pfennig gleich 35 DM 60 Pfennig bezahlen. Die 50er Briefmarken kosten 6 DM, die 60er 9 DM 60 Pfennig und die 80er 20 DM.

Aufgabe 4: Ein Tag kostet für die ganze Klasse 32 · 26 = 832 DM. Für drei Tage sind somit 3 · 832 = 2496 DM zu bezahlen.

Aufgabe 5: Das Katzenfutter kostet $24 \cdot 85 = 2040$ Pfennig oder 20 DM 40 Pfennig, die Schokolade $12 \cdot 79 = 948$ Pfennig oder 9 DM 48 Pfennig. Zusammen macht das 2988 Pfennig oder 29 DM 88 Pfennig.

Aufgabe 6: Das gelöste Rätsel sieht so aus:

waagrecht:	senkrecht:
1) 145 996	a) 1458
2) 5050	b) 545 105
3) 831	c) 990
4) 49 749	d) 640 603
5) 360	e) 900 360
6) 600 003	f) 30
7) 3354	
8) 36	
9) 39	
10) 81	

Todesdatum Adam Riese: 30. 3. 1559

Aufgabe 7: Für 100 000 Lira muß man 14 000 Pfennig oder 140 DM bezahlen, für 60 000 Lira $60 \cdot 140 = 8400$ Pfennig oder 84 DM und für 40 000 Lira $40 \cdot 140 = 5600$ Pfennig oder 56 DM.

Aufgabe 8: Die Lösung sieht so aus:

$$43 \cdot 27 = 1\,161$$
$$43 \cdot 43 = 1\,849$$
$$43 \cdot 46 = 1\,978$$
$$43 \cdot 156 = 6\,708$$
$$43 \cdot 209 = 8\,987$$
$$43 \cdot 318 = 13\,674$$
$$43 \cdot 597 = 25\,671$$
$$43 \cdot 732 = 31\,476$$

Lösungen

Aufgabe 9: a) Am Tag werden $16 \cdot 46 = 736$ Personen befördert, in der Woche $7 \cdot 736 = 5152$ Personen.
b) Am Montag wurden 540 Personen befördert.

Aufgabe 10: a) In der Woche verdient Frau Nieder 720 DM.
b) Im Monat verdient sie 3042 DM.
c) Herr Schwarz verdient 1147 DM in der Woche und 4960 DM im Monat.

Schriftliches Dividieren

Aufgabe 1: a) 446   b) 883   c) 710   d) 3350
e) 185   f) 337   g) 23569   h) 25814   i) 10472
j) 487843   k) 85236

Aufgabe 2: a) 9175   b) 652   (Rechne $5868 : 9$.)
c) 10000   d) 5868

Aufgabe 3: Die vollständige Schneeflocke sieht so aus:

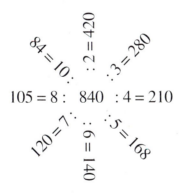

$$84 = 10 : \qquad : 2 = 420 \qquad : 3 = 280$$
$$105 = 8 : \quad 840 \quad : 4 = 210$$
$$120 = 7 : \qquad : 6 = 140 \qquad : 5 = 168$$

Aufgabe 4: Familie Häusle muß 26 Jahre lang abbezahlen.

Aufgabe 5: a) $107; \ 107 \cdot 11 = 1177$ b) 2035
c) 9081   d) 2032   e) 1090   f) 98071   g) 6709
h) 6200   i) 1034   j) 3007   k) 1205

Lösungen

Aufgabe 6: Er hat durchschnittlich am Tag 8940 : 12 = 745 Kilometer zurückgelegt.

Aufgabe 7: a) 258   b) 749   c) 654   d) 557
e) 99   f) 1287   g) 104   h) 28

Aufgabe 8: Im Juni nahm das Lux am Tag durchschnittlich 24300 : 30 = 810 DM ein, im Juli waren es 24645 : 31 = 795 DM und im Februar 23100 : 28 = 825 DM. Beachte, daß die Monate verschieden viele Tage haben (wir haben angenommen, daß kein Schaltjahr war). Die durchschnittlichen Tageseinnahmen waren im Februar am höchsten.

Vermischte Aufgaben

Aufgabe 1:   a) 952   b) 9520   c) 107508
d) 95655   e) 956550   f) 8524   g) 83900
h) 750719   i) 0

Aufgabe 2: a) 40   b) 1100   c) 500
d) 2280 Bürger sind älter als 65 Jahre, 1710 sind jünger als 18 Jahre.

Aufgabe 3:   a) Der Gesamtpreis beträgt 330000 DM.
b) Die verbleibende Schuld beläuft sich auf 180000 DM.
c) Die Familie muß 1500 DM im Monat zahlen.

Aufgabe 4:
a) In einer Stunde schlägt das Herz   3900mal.
b) An einem Tag schlägt das Herz   93600mal.
c) In fünf Tagen schlägt das Herz 468000 mal.